WAL★MART L'ENTREPRISE-MONDE

Collection dirigée par François Cusset
et Rémy Toulouse

À la mémoire de Jdimytai Damour (1974-2008)

Ce livre reprend les contributions de Nelson Lichtenstein et de Susan Strasser à l'ouvrage dirigé par Nelson Lichtenstein : *Wal-Mart: The Face of Twenty-First Century Capitalism*, The New Press, New York, 2006.

206, boulevard Voltaire 75011 Paris
Diffusion : Les Belles Lettres
ISBN : 978-2-35096-017-3
Réalisation : Les Prairies ordinaires
Conception graphique : Maëlle Dault
Impression : Normandie Roto Impression
Ouvrage publié avec le concours de la Région Ile-de-France

Nelson Lichtenstein
& Susan Strasser

WAL★MART
L'ENTREPRISE-MONDE

traduit de l'anglais (États-Unis)
par Rémy Toulouse

Préface de Dork Zabunyan

LES PRAIRIES ORDINAIRES
COLLECTION « PENSER/CROISER »

Wal-Mart et les tombées de camions

par Dork Zabunyan

Le jargon des professionnels de la grande distribution fourmille d'expressions significatives. « Les tombées de camions » est l'une d'entre elles. Pour la comprendre, il convient en premier lieu d'imaginer l'angle mort d'un hypermarché, fragment d'espace incertain, en apparence laissé à l'abandon, peuplé d'objets de consommation dont nous ne savons pas s'ils sont destinés à la vente. « Les tombées de camions » forment un élément décisif de la scénographie des *superstores* Wal-Mart : « des chariots dans des recoins, des produits sortis de leurs emballages, des produits sans marques », comme si « une partie de l'offre [était] hors nomenclature[1] ». Ainsi s'élabore une mise en scène du « désordre » qui favorise l'idée d'un brouillage des frontières entre Wal-Mart et le foyer domestique : disposées de cette façon, les marchandises créent l'illusion qu'elles pourraient aisément trouver une place chez soi, faisant potentiellement oublier l'acte d'achat, tandis que cette mise en scène renforce le sentiment que cela ne coûtera rien en caisse, ou presque.

Les tombées de camions peuvent également être entendues de façon littérale ; d'une certaine manière, elles ont marqué l'histoire de Wal-Mart, comme en témoigne l'ouverture d'un magasin de la chaîne à Harriston, Arkansas, pendant l'été 1964 (le premier fut inauguré dans le même État, à Rogers, en 1962) : Sam Walton, le fondateur de Wal-Mart, demanda que deux camions remplis de pastèques viennent se garer sur le parking du magasin ; il fit également venir un âne, qui se promena nonchalamment sur les lieux, à deux pas de l'entrée du nouveau magasin. David Glass, qui succédera à Walton à la tête de l'entreprise, décrivit la scène en ces termes : « Sam fit tomber les pastèques par terre (...) il faisait 115° [Fahrenheit, environ 45° Celsius], et les pastèques commencèrent à se décomposer, et l'âne commença à faire ce que tous les ânes font [uriner] : tout se mélangea et le parking était trempé. Et quand vous étiez à l'intérieur du magasin, ce n'était pas mieux, tout le sol était baigné de la même mixture[2]. » Certes, l'entrée d'un Wal-Mart n'est plus aujourd'hui inondée de la sorte, mais tous les visiteurs un peu attentifs vous le diront : la propreté ne caractérise pas forcément les allées et les rayons de ce géant de la distribution. Autre manière, assurément, de faire *discount*, et d'actualiser l'un des slogans de l'entreprise : « *Life can be pricey. Wal-Mart isn't* ».

Enfin, les tombées de camions font l'objet d'une boutade maison, dite de la « patrouille des poulets », que racontait fréquemment Ron Loveless, ancien vice-président de Wal-Mart, lorsqu'on lui posait la question suivante, par ailleurs décisive sur la politique de gestion des stocks : « Comment parvenez-vous à déterminer la demande du marché pour des produits à très bas prix ? » Loveless avait pour habitude de prendre un exemple délibérément archaïque : il débutait son propos en signalant que Wal-Mart a toujours élevé de nombreux poulets dans le nord-ouest de l'Arkansas, avant d'ajouter le plus sérieusement du monde : « En fait, quand les temps sont bons, vous trouvez plein de poulets morts le long de la route, tombés des camions qui les transportaient. Mais quand les temps sont difficiles, les gens s'arrêtent et ramassent les poulets morts et les emportent chez eux pour le repas. Donc, en plus des méthodes traditionnelles, nous essayons de mettre en relation l'état de nos stocks avec le nombre de poulets trouvés morts le long de la route[3]. » Les tombées de camions, dans ce cas, prétendent informer sur l'un des aspects de la stratégie marketing qui a fait la réputation du groupe ; évidemment, c'est une farce, même si le public qui écoutait Loveless notait tout sur un bout de papier, « concentré et acquiesçant ! ».

Il serait toutefois erroné de prendre la fable de la « patrouille des poulets » à la légère, car elle nous dit une chose non négligeable sur la démarche de communication adoptée : l'écart, savamment entretenu, entre la ruralité de Bentonville, la petite ville de l'Arkansas où se trouve le siège de Wal-Mart, et la dimension high-tech de la firme fondée par Sam Walton. C'est le paradoxe Wal-Mart : comment l'un des coins les plus perdus de l'Amérique est-il devenu le siège de « l'entreprise-monde » que nous connaissons actuellement ? Les plus hauts responsables de l'entreprise peuvent toujours feindre de mépriser la technologie – « nous n'avons rien à voir avec [elle], qu'elle soit "haute" ou "basse" », osa déclarer Walton – , mais les chiffres ne trompent pas : Wal-Mart aurait investi un budget en informatique qui dépasserait celui de la NASA. C'est sur ce point que les concurrents sont d'abord terrassés, car personne ne peut atteindre « son avance dans le recueil en temps réel des données sur son réseau. Ceci lui a permis de développer des outils sophistiqués de classement d'informations et d'échange de données informatisées avec les fournisseurs, en obtenant une accélération impressionnante de la rotation des stocks[4] ».

Les représentants de Wal-Mart peuvent entretenir l'image d'une compagnie vertueuse, où dominent les valeurs de la famille, l'esprit de communauté et l'égalitarisme d'inspiration chrétienne, autant de « tropes idéologiques », comme le montre Nelson Lichtenstein, qui désignent la culture des « États rouges » du Sud (Arkansas, Missouri, Oklahoma). Demeure, malgré tout, le contraste saisissant entre cet « éthos managérial » hérité des franges les plus conservatrices du parti républicain et la sophistication des moyens technologiques à disposition, qui se traduit dans les faits par un « management invisible ». Un exemple parmi d'autres : lorsqu'il s'agit de baisser ou d'augmenter la température d'un Wal-Mart, la modification du thermostat se fait depuis la maison mère de Bentonville ; en effet, les satellites que possède Wal-Mart permettent le changement thermique d'un magasin dans l'instant. Plus fondamentalement encore, la technologie moderne consacre l'un des systèmes qui détermine l'efficacité de Wal-Mart en matière de logistique : le système de traction. C'est l'un des passages éloquents du texte de Lichtenstein, qui prend en considération l'invention, dans les années 1960, du « container intermodal » : une boîte en métal d'une dizaine de mètres, remplie de marchandises qui transitent entre navires, trains ou camions, en amont et en aval de la production, de l'usine aux rayonnages des magasins. Il importe à cet égard de distinguer les containers « poussés » de ceux qui, justement, sont « tractés ». Les premiers supposent une production sur le long terme et des économies d'échelle qui ne prennent pas forcément en compte, avec précision, les stocks des revendeurs. D'où, souvent, les excédents qui en découlent. Les containers « poussés », en revanche, reposent sur l'idée que « le revendeur suit à la trace, avec une méticulosité extrême, le comportement du consommateur, puis fait redescendre ses préférences le long de la chaîne d'approvisionnement. On peut alors presque aussitôt procéder au réassort, à la charge du fournisseur de faire plus fréquemment des livraisons, en plus petites quantités. Pour les revendeurs, c'est du "juste à temps" ou du "flux tendu" ».

Là encore, toutes les décisions sont prises directement au siège de Bentonville, qui a le contrôle logistique de l'ensemble des magasins Wal-Mart, en achats effectués comme en stocks disponibles ; c'est en ce sens qu'il devient possible de parler d'un « management invisible », qui dirige depuis l'Arkansas, outre les flux de tonnes de marchandises, les centaines de milliers d'employés de l'entreprise. Peut-être avons-nous affaire à une nouvelle conception de l'invisible en économie : non plus la fameuse « main invisible » du marché selon Adam Smith, mais l'invisibilité du management de Wal-Mart. En contraste avec la « main visible des managers » (défendue dans les années 1970 par Alfred Chandler), cette conception fait en sorte que « les travailleurs ne voient jamais leurs managers » ; les décisions partent de Bentonville, et elles affectent les employés jusque dans « les menus gestes de la routine quotidienne[5] ». Bien entendu, il existe des supérieurs hiérarchiques au sein de chaque magasin, lesquels peuvent toujours demander à un vendeur de changer de rayon suivant l'affluence, par exemple ; cependant, c'est le quartier général de Wal-Mart qui transmet aux directeurs de magasin le nombre d'employés dont ils auront besoin par heure, en fonction du jour de la semaine, parfois même du moment de la journée.

Les conditions de travail relèvent par conséquent d'une centralisation extrême des choix managériaux, et du contrôle par la maison mère de leurs effectuations sur un plan local, au niveau de chaque *superstore*. Sans doute existe-il un lien intime entre cette forme entrepreneuriale très centralisée, qui semble appartenir à un autre âge, et l'usage de la technologie dernier cri, qui épouse la modulation et la flexibilité des marchés et des biens. C'est pourquoi on ne saurait se satisfaire du simple énoncé du « paradoxe Wal-Mart », c'est-à-dire le décalage entre une culture d'entreprise fondée sur des valeurs prétendument figées et un souci de la performance technique et informatique qui lui paraît irréductible. Il ne s'agit pas non plus de savoir à tout prix ce qui se trame derrière la fable de la « patrouille des poulets », à savoir l'insistance de mécanismes hyper-sophistiqués dans le calcul de la rotation des stocks ; il s'agit de déterminer comment ces mécanismes de contrôle s'articulent à un dispositif de décision qui en accentue les pouvoirs.

Il faudrait éventuellement relire dans cette perspective les analyses de Foucault sur les sociétés disciplinaires, et la manière dont, en retour, ces analyses éclairent le fonctionnement des sociétés de contrôle dans lesquelles nous évoluons. Mathieu Potte-Bonneville a très bien mis en évidence le fait que les premières, chez Foucault, ne s'opposent pas aux secondes, ni qu'elles se succèdent dans l'histoire suivant un principe chronologique (comme le soutient une lecture deleuzienne consacrée) ; les deux sociétés entretiennent au contraire, les unes et les autres, les unes avec les autres, des relations complexes de relais voire de coexistence. Si les deux exigences de « visibilité transparente » et de « normalisation continue » caractérisent le contrôle, alors force est de constater que ce dernier participe à une « tendance propre à la dynamique disciplinaire », laquelle se définit comme une entreprise de normalisation qui opère un « partage excluant ». Si le contrôle ne constitue pas une simple alternative au pouvoir disciplinaire, c'est parce qu'il offre à ce dernier, à travers des procédés qui s'avèrent plus fluides à chaque époque, les conditions de son actualisation. C'est en ce sens, si l'on considère le monde de l'entreprise, et quelles que soient les déclarations philanthropiques de ses représentants, que « la fluidité des marchés et les exigences d'un actionnariat diffus *contredisent et appellent* la brutalité patronale la plus archaïque[6] ».

Le management invisible de Wal-Mart permet à ses hauts dirigeants, grâce à la puissance et à la mobilité des technologies mises en œuvre, de suivre au plus près les activités de la firme. Les murs de la maison mère basée à Bentonville dessinent comme l'envers de cette stratégie : la structure hiérarchique enveloppée dans ces murs « contredit » peut-être le management en question, lequel fuit de toutes parts en fonction du rythme des marchés conquis, mais elle « l'appelle » également à bien des égards, puisque cette conquête signe un accroissement de son pouvoir de normalisation, et explique en partie la violence de l'entreprise au regard des revendications de ses « associés » (autre mot chez Wal-Mart pour « employés »). L'admirable site d'information de l'association Wal-Mart Watch (walmartwatch.com) donne la parole à certains d'entre eux ; les récits de discriminations sont innombrables : discriminations sexuelles, en matière de prestations sociales, envers les minorités ethniques, etc. Tous sont d'accord sur un point : la difficulté d'obtenir gain de cause, même si les procès se multiplient. Quand la revendication porte sur une hausse des salaires, que la compagnie associe à une forme de corruption, il s'ensuit un gel des salaires de l'ensemble des employés. Les syndicats sont en outre ardemment combattus par les responsables de Wal-Mart. Que se passe-t-il, d'ailleurs, lorsqu'un embryon syndical commence à se constituer à l'intérieur d'un magasin ? Wal-Mart décide tout simplement la fermeture de l'établissement rebelle, comme ce fut le cas du site de Jonquière, au Québec, en 2005.

La brutalité de ces procédés engendre, en termes de mobilisation, un écueil que Danièle Linhart a su formuler clairement : le fait que les réponses à ces situations intolérables, très souvent à la limite de l'illégalité, se situent davantage sur le terrain « de l'indignation que sur celui de la politique », ce qui a pour effet de provoquer l'absence d'une « socialisation du sentiment [d'injustice sociale] », puisqu'il est essentiellement « vécu sur un mode personnel[7] ». Il est vrai que Wal-Mart avait trouvé en George W. Bush un allié de poids dans sa lutte anti-syndicale, et plus généralement dans sa stratégie d'éclatement des revendications collectives. Les choses sont probablement en train de changer avec la présidence de Barack Obama, dont l'administration entend bien faire passer le « Employee Free Choice Act » (qui dénonce les bas salaires, favorise la participation à des formations syndicales, lutte contre le travail illégal, etc.) ; peut-être la « sortie du tunnel » pour des milliers d'« associés » selon Wal-Mart Watch[8]. Ainsi surviendrait un déplacement des luttes vers le terrain politique, avec ou sans les syndicats. La crise économique et financière actuelle, même si elle épargne pour l'heure la firme de Bentonville, favorisera peut-être la socialisation du sentiment d'injustice invoquée par Danièle Linhart (de même que General Motors, hostile dans un premier temps au New Deal, avait dû revoir ses positions anti-sociales après 1945).

L'important, pour les « associés » de Wal-Mart, ce serait d'atteindre à une parole qui puisse les rendre étrangers à eux-mêmes et aux situations dans lesquelles ils éprouvent un intolérable : manière d'opérer un pas de côté, et de bouleverser corrélativement les représentations qui permettent encore d'esquiver cet intolérable. Il s'agit autrement dit, comme l'écrit sobrement Jacques Rancière, de « remettre en question l'évidence des rapports entre les mots et les choses, l'avant et l'après, le possible et l'impossible, le consentement et le refus[9] » : condition d'un égarement dans l'inconnu d'une action nécessairement risquée (le licenciement guette, de même l'arbitraire des décisions punitives) ; prélude, aussi, à un sentiment de libération qui se confond avec la sortie de l'ordre existant et de ses contraintes quotidiennes, y compris hors du lieu de travail. Exemplaire, à cet égard, fut la grève qui toucha en février 2008 le magasin Carrefour Grand Littoral à Marseille. Condamnant les bas salaires et réclamant une prime de 250 euros, les caissières suivirent un mouvement qui dura seize jours, une éternité dans le domaine de la grande distribution. Malgré l'échec des revendications, et l'espèce d'abattement qui suivit, certaines employées firent la découverte à cette occasion de « ressources insoupçonnées », de « nouvelles compétences », à l'intérieur comme à l'extérieur du magasin. À l'intérieur, dans la socialisation entre collègues, entre autres ; à l'extérieur, dans la déprise de soi au regard des corvées conjugales ou familiales : « Moi, affirme l'une des caissières quelques mois après la mobilisation, je faisais aussi la grève à la maison ; grève du ménage, de la nourriture. Mon mari a dû se débrouiller alors que normalement je fais quasiment tout. Mais il n'avait pas le choix. C'était trop important pour moi[10]. »

« Faire la grève à la maison » : n'est-ce pas là le signe, même indirect, d'une réussite de la grève qui essaime en dehors de son espace traditionnel (en l'occurrence, le magasin) ? Que se passe-t-il, néanmoins, dès lors que le magasin forme lui-même le lieu d'une reconstitution de l'univers domestique, comme c'est le cas chez Wal-Mart ? Le problème de la socialisation de l'injustice se complique-t-il par là même ? Gageons que les « tombées de camions » et autres jeux avec les « codes du foyer » – « l'aménagement et la décoration rappelant les pièces de la maison », « les prospectus pour le développement des photos évoquant des faire-part de communion », « l'apparition fréquente du mot "Home" sur des produits ménagers[11] » – paralysent moins la remise en cause des évidences sensibles, qu'ils précipitent l'employé qui les subit de l'intérieur dans la « mesure de l'impossible » (Rancière), laquelle n'est rien d'autre que la démesure d'un refus où ces évidences se dissipent. Moment où l'amorce d'une désubjectivation se confond avec l'esquisse d'une socialisation que l'on n'attendait plus.

Notes

1. Olivier Badot, « L'autre raison du succès de Wal-Mart : une rhétorique de l'infra-ordinaire », *Revue française de marketing*, juillet 2005, n°203, p. 107.

2. Cité par John Lanchester, « The Price of Pickles », *London Review of Books*, 22 juin 2006.

3. Bethany E. Moreton, « It Came from Bentonville: The Agrarian Origins of Wal-Mart Culture », *Wal-Mart. The Face of Twenty-First-Century Capitalism*, Nelson Lichtenstein (dir.), The New Press, New York, 2006, pp. 59-60.

4. Enrico Colla et Marc Dupuis, « Carrefour/Wal-Mart : Questions autour d'un combat global », *Décisions Marketing*, août-décembre 2000, n°20, p. 76.

5. James Hoopes, « Growth Through Knowledge: Wal-Mart, High Technology, and the Ever Less Visible Hand of the Manager », *Wal-Mart. The Face of Twenty-First-Century Capitalism*, *op. cit.*, pp. 102-103.

6. Mathieu Potte-Bonneville (en collaboration avec Philippe Artières), « Contrôle », in *D'après Foucault*, Les Prairies ordinaires, Paris, 2007, respectivement pp. 256 et 258.

7. « Violence contenue », entretien avec Danièle Linhart, in *La France invisible*, sous la direction de Stéphane Beaud, Joseph Confavreux et Jade Lindgaard, La Découverte, Paris, 2006, p. 291.

8. On trouvera une remarquable analyse de cet « Act », témoignages à l'appui, à l'adresse suivante : http://walmart.3cdn.net/594f2e1e559832379c_k3m6bh9d8.pdf.

9. Jacques Rancière, *La Nuit des prolétaires*, Paris, Fayard, 1981 (rééd. Hachette « Pluriel », 2008), p. 12.

10. Voir sur ce point l'article de Marlène Benquet, « Comment se portent les caissières de Carrefour Grand Littoral à Marseille ? », paru le 1er mai 2008 sur le site de Mediapart, et disponible à l'adresse suivante : http://www.mediapart.fr/club/edition/le-travail-en-question/

11. Olivier Badot, art. cité, p. 103.

Wal-Mart : un modèle pour le capitalisme du XXIe siècle

Nelson Lichtenstein

Wal-Mart, la plus grande société commerciale du monde, est aujourd'hui l'entreprise-modèle de l'ordre économique global. Par « modèle », nous n'entendons pas seulement l'organisation interne d'une compagnie, ou la nature du marché qu'elle crée ou exploite, mais toute l'étendue des mutations économiques, sociales, culturelles et politiques générées par une forme d'entreprise commerciale particulièrement prospère. Le « modèle Wal-Mart » fait parfaitement écho à la politique conservatrice et impérialiste de ceux qui sont restés aux commandes des principaux postes stratégiques de la société américaine pendant les trente dernières années. À l'image du conservatisme inscrit au cœur de la lignée Reagan-Bush, Wal-Mart est née dans un Sud rural qui a toujours toléré à grand peine la régulation sociale du New Deal, la révolution des droits civiques ou le mouvement féministe. En totale opposition à ceux-ci, Wal-Mart s'est fait le promoteur d'une idéologie de la famille, de la foi et du sentimentalisme provincial qui coexiste de façon étonnamment harmonieuse avec l'âpreté du commerce international, la stagnation du niveau de vie et la pression permanente exercée sur les employés[1].

Créée il y a moins de 50 ans par Sam Walton et son frère Bud, cette compagnie originaire de Bentonville, Arkansas, est aujourd'hui l'entreprise mondiale la plus rentable. Avec un chiffre d'affaires supérieur à 300 milliards de dollars par an[2], Wal-Mart a des revenus plus élevés que ceux de la Suisse. Elle a ouvert plus de 6 000 énormes supermarchés dans le monde, dont 80 % sur le seul territoire américain. Dans le domaine de la grande distribution, Wal-Mart n'a pas de rival sérieux, et en 2003, le magazine *Fortune* l'a déclarée « entreprise nationale la plus admirée »[3]. Son volume de ventes est supérieur à celui de Target, Home Depot, Sears, Kmart, Safeway et Kroger réunis[4]. Elle fait travailler plus d'1,9 million de personnes dans le monde[5], et est le plus grand employeur privé du Mexique, du Canada et des États-Unis. Elle importe plus de produits manufacturés chinois que le Royaume-Uni ou la Russie. Elle a prévu que son chiffre d'affaires augmenterait d'un milliard de dollars par an au cours de la prochaine décennie[6]. Son créateur, Sam Walton, a été élu l'homme le plus riche d'Amérique en 1985 ; aujourd'hui, ses héritiers, qui possèdent 39 % de l'entreprise, sont deux fois plus riches que la famille de Bill Gates[7].

Le succès et l'influence politique de cette entreprise géante lui permettent de reconfigurer les plans de nos villes (Wal-Mart a généré la plus profonde transformation du paysage spatial et démographique depuis l'émergence des banlieues résidentielles juste après la Seconde Guerre mondiale), de déterminer le salaire minimum réel, de casser les syndicats, de définir les contours de la culture populaire, d'avoir une influence sur les flux de capitaux dans le monde entier, et d'entretenir ce qui s'apparente à des relations diplomatiques avec des dizaines de pays. Alors que la marge de manœuvre des gouvernements demeure restreinte, la direction de Wal-Mart semble aujourd'hui avoir plus de pouvoir que n'importe quelle institution pour intervenir sur la législation de pans entiers de la politique sociale et industrielle américaine. Et le colosse de l'Arkansas sait parfaitement l'influence dont il dispose, ce qui explique qu'il dépense des millions de dollars pour des publicités télévisées vantant non ses « prix toujours plus bas », mais la revitalisation communautaire, le bonheur des travailleurs et la qualité des emplois qui ne manquent pas d'être créés quand Wal-Mart ouvre un nouveau magasin[8].

Wal-Mart est donc bien l'entreprise-modèle qui définit actuellement les standards d'un nouveau stade du capitalisme mondial. À chaque époque, une compagnie gigantesque connaît un succès foudroyant, avant d'être imitée puis de s'imposer comme symbole de tout un nouvel ensemble d'innovations technologiques, de structures organisationnelles et de relations sociales. Cette entreprise devient alors l'institution économique emblématique de son temps. À la fin du XIXe siècle, la Pennsylvania Railroad (la société des Chemins de fer de Pennsylvanie) s'était autoproclamée « nouveau standard mondial ». Puis, l'US Steel (l'Acier américain) a défini le sens de la puissance et de l'efficacité entrepreneuriales pendant des décennies après que J. P. Morgan en avait fait la première compagnie milliardaire en 1901. Au milieu du XXe siècle, c'est General Motors qui incarnait le management bureaucratique, la production de masse et l'émancipation politique et sociale d'une main-d'œuvre ouvrière syndiquée. Lorsque Peter Drucker a écrit son étude pionnière sur le management, *The Concept of the Corporation* (1946), c'était l'organisation de General Motors, des lignes d'assemblage de Flint aux bureaux de la direction à Detroit et New York, qui symbolisait la modernité entrepreneuriale dans ses aspects les plus divers. Plus récemment, IBM puis Microsoft sont apparus comme les modèles d'une économie de l'information qui a transformé la diffusion et la production de savoir tout autour du globe.

Si c'est désormais Wal-Mart qui fait figure d'entreprise-modèle pour le capitalisme mondial, c'est parce qu'elle s'est emparée des innovations technologiques et logistiques les plus puissantes du XXe siècle et les a mises au service d'une organisation dont la réussite économique repose sur la destruction de tout ce qui subsiste du système de régulation sociale mis en place par le New Deal ; système qu'elle remplace, aux États-Unis et ailleurs dans le monde, par une organisation globale basée sur la réduction inexorable des coûts du travail, que ce soit en Californie du Sud ou dans le sud de la Chine, à Indianapolis ou en Indonésie. Pour la première fois dans l'histoire du capitalisme moderne, un modèle entrepreneurial a fait du revendeur le roi et du manufacturier son vassal. Ainsi la compagnie a-t-elle transformé une grande partie de ses fournisseurs en « partenaires » suppliants et tremblants, contraints de se démener pour réduire leurs coûts et presser jusqu'à la dernière goutte de sueur productive sur le front de millions de travailleurs et de sous-traitants.

Le phénomène Wal-Mart

L'exemple de quatre femmes va nous aider à comprendre l'impact du phénomène Wal-Mart sur la vie de dizaines de millions de personnes ordinaires. Commençons par Chastity Ferguson, résidente de Las Vegas et mère d'un enfant de trois ans, qui a décidé de faire de Wal-Mart son nouvel hypermarché favori. Dans ce mégastore de Las Vegas recouvert de stuc rose, un supermarché traditionnel voisine avec un magasin spécialisé dans la vente de produits discount ; il s'agit d'offrir aux clients tout ce dont ils pourraient avoir besoin au quotidien. Pour Chastity Ferguson, mère inquiète de 26 ans et réceptionniste d'hôtel payée environ 400 dollars par semaine, l'intérêt est évident : « Vous ne pouvez pas trouver moins cher. Je viens là parce que c'est bon marché. »

À l'autre bout de la ville, une autre mère de famille est habituée aux prix bas pratiqués dans ces mégastores. Kelly Gray a cinq enfants à charge et a perdu son travail de vendeuse du rayon épicerie au Raley's à la fin de l'année 2002, lorsque Wal-Mart s'est implantée à Las Vegas.

L'enseigne de grande distribution californienne Raley's fut alors contrainte de fermer l'ensemble de ses 18 magasins dans le sud du Nevada, licenciant 1 400 salariés. Kelly Gray gagnait 14,98 dollars de l'heure, avec une retraite et une assurance santé pour sa famille. Chez Wal-Mart, les vendeurs gagnent moins de dix dollars de l'heure, avec des avantages inférieurs. « C'est comme si quelqu'un venait chez vous, cassait tout et vous enlevait quelque chose d'énorme et d'important », dit cette femme de 36 ans. « J'ai eu peur. J'ai pleuré. Ça m'a complètement bouleversée[9]. »

À quelques milliers de kilomètres de là, en Chine, Li Xiao Hong, une jeune femme de 20 ans, travaille dans une usine de Guangzhou qui fabrique les millions de jouets Mattel que Wal-Mart vend dans toute l'Amérique. Elle fait partie des 40 millions de paysans nouvellement prolétarisés qui font actuellement du sud de la Chine l'atelier du monde. Les zones de travail de l'usine sont si faiblement éclairées qu'elles semblent en permanence baigner dans la grisaille. Une odeur de solvant flotte dans les entrepôts alors que des ouvriers sont penchés sur leurs pots de colle et leurs machines à coudre actionnées par une simple pédale.

Li est la plus rapide des 130 femmes qui travaillent sur sa chaîne de montage. Elles assemblent des poupées animées Disney destinées aux enfants en bas âge. À une vitesse ahurissante, les mains de Li enduisent le support de colle, le vissent, y fixent les autres parties de la coque à l'aide d'un marteau spécial, posent le cache de la batterie, soudent à l'endroit préalablement collé, puis renvoient le tout sur la chaîne d'assemblage. L'opération aura duré 21 secondes.

Généralement, Li travaille cinq jours et demi par semaine, jusqu'à dix heures par jour. Son salaire mensuel – d'environ 65 dollars – correspond au salaire moyen dans cette partie de la Chine ; cela suffit à Li pour envoyer de l'argent à sa famille restée vivre à la campagne. Mais elle en paie le prix : ses mains lui font terriblement mal et elle est constamment épuisée ; elle apparaît cependant plus résignée qu'en colère : « Les gens de mon âge doivent s'attendre à souffrir. C'est maintenant, alors que je suis encore jeune, que je peux affronter ce genre d'épreuves[10]. »

Et puis il y a Crystal, mariée à un assistant de direction de magasin chez Wal-Mart qui gagne environ 40 000 dollars par an après une décennie de bons et loyaux services. Crystal a pris ombrage d'une invective postée sur l'un des nombreux sites web anti-Wal-Mart créés ces dernières années par d'actuels et d'anciens employés de la firme. Alors elle a décidé de répondre vigoureusement : « Wal-Mart a été très bonne avec nous. Les gens au magasin ne travaillent pas seulement comme une équipe, mais comme une famille. Dans notre communauté, quand une famille a un problème, Wal-Mart est toujours là pour l'aider. Wal-Mart finance des cours particuliers au lycée, elle donne des bourses d'études... Aucune entreprise n'est parfaite. Ce qui vous agace, c'est que Wal-Mart préfère avoir des associés plutôt que des syndicalistes. En tant que chrétienne, je prie Dieu pour que cela reste ainsi. Wal-Mart est un lieu où il fait bon travailler, où on prend soin des associés. Je pense que Sam Walton serait fier du magasin dont s'occupe mon mari[11]. »

L'expérience de ces femmes nous donne une série d'indications très utiles pour comprendre le fonctionnement de cette entreprise géante. Des centaines de millions de consommateurs sont d'accord avec Chastity Ferguson : à Wal-Mart les prix sont bas, les produits suffisamment bon marché pour permettre aux familles en difficulté financière de la classe ouvrière de faire durer un peu leurs dollars et de survivre jusqu'à la prochaine paye. Mais l'expérience de Kelly Gray a aussi fait de Wal-Mart la pierre de touche d'une controverse économique et politique. Le célèbre économiste Joseph Schumpeter aurait très bien pu avoir en tête une firme au succès aussi fulgurant que celui de Wal-Mart lorsqu'il a inventé l'expression de « destruction créatrice », qui désigne le processus par lequel un mode de production et de distribution capitaliste en remplace un autre. Comme Schumpeter l'a clairement défini au début du siècle dernier, de telles transformations n'ont rien d'inévitable, pas plus qu'elles n'adviennent sans un immense coût social, ce qui explique que l'essor de Wal-Mart ait entraîné conflit sur conflit[12].

En Californie, où l'empreinte de la compagnie est jusqu'à présent restée discrète, la probabilité de voir s'implanter des dizaines de mégastores Wal-Mart dont le personnel serait principalement composé de travailleurs sous-payés a entraîné le déclenchement d'une grève de quatre mois. Celle-ci, menée par des militants syndicaux voulant préserver les niveaux de salaires et d'acquis sociaux dans les supermarchés déjà établis, s'est soldée par une défaite amère en février 2004. Mais à peine un mois plus tard, les habitants d'Inglewood, majoritairement afro-américains et latinos, firent sensation en votant contre l'implantation de Wal-Mart dans leur ville lors d'un référendum conçu pour ouvrir la voie à la construction d'un des premiers mégastores dans le sud de la Californie. Rasséréné par cette démonstration de force anti-Wal-Mart, le conseil de la ville de Los Angeles promulgua une ordonnance exigeant des magasins géants comme Wal-Mart qu'ils financent des études sur l'« impact économique » de leur implantation : salaires, entreprises locales et circulation urbaine[13]. Mais Wal-Mart prit sa revanche lors des élections de novembre 2004 en aidant à organiser un référendum qui a finalement annulé une loi californienne votée peu de temps auparavant ; cette dernière obligeait les firmes géantes à forte main-d'œuvre de prendre en charge une part bien plus importante de l'assurance santé de leurs employés[14]. Puis, alors que tout ceci était en cours, un juge de San Francisco donna raison au Impact Fund[15] de Berkeley qui réclamait à Wal-Mart le paiement de salaires (et d'arriérés de salaires) plus élevés pour plus d'un million de ses employées. Il s'agissait ni plus ni moins du plus grand recours collectif en justice concernant la discrimination professionnelle jamais intenté par un tribunal fédéral.

Li Xiao Hong ne travaille pas directement pour Wal-Mart, mais ses conditions de vie sont inexorablement liées au modèle capitaliste que la compagnie est en train de mettre en place partout dans le monde. Elle participe à ce qui s'avère être le plus vaste processus de prolétarisation industrielle depuis l'aube de la révolution des modes de production il y a environ deux siècles. Li est la cousine des « mill girls » de Lowell, ces ouvrières du textile venues du Lower East Side au XIXe siècle, et des femmes mexicaines qui affluaient dans les « *maquiladoras*[16] » des zones frontalières. Elle se trouve aujourd'hui à l'échelon le plus bas d'une énorme chaîne alimentant le colossal pouvoir d'achat détenu par les géants de la distribution qui exercent leur domination dans les pays riches. Même si Wal-Mart a effectivement recours aux systèmes de télécommunications les plus sophistiqués pour domestiquer sa force de travail, Li et sa vie de travailleuse exploitée, tout comme celles de ses dizaines de millions de collègues, démontrent clairement que nous ne sommes pas sortis de l'ère industrielle. Il y a aujourd'hui plus de personnes qui travaillent sur les chaînes d'assemblage, produisant des choses bien réelles, qu'il n'y en a jamais eu dans toute l'histoire de l'humanité. Et plus nombreuses encore sont celles et ceux qui sont affectés à la vente, à « l'accueil » téléphonique ou à la manipulation de claviers informatiques, dans des conditions qui s'apparentent à celles d'une ligne de production. Les temps postindustriels, annoncés par tant d'experts et d'universitaires, ne sont pas encore arrivés[17].

Et à l'autre bout de la chaîne, il y a Crystal, pur produit de la « famille » Wal-Mart. Son mari, qui a gravi les échelons en ayant commencé comme manutentionnaire, occupe le poste le plus dur au sein de la compagnie. Il est en première ligne, contraint de s'adapter aux demandes incessantes qui lui parviennent du directeur régional et du responsable du magasin, tout en veillant à ce que les rayons soient toujours parfaitement approvisionnés, les caisses tenues et les profits en hausse. Les ordinateurs de Bentonville assignent au mari de Crystal un budget aussi tendu qu'une peau de tambour et une courbe des ventes s'élevant avec une régularité implacable. Il est sans cesse harcelé, et lorsque des travailleurs démissionnent – le taux de rotation du personnel annuel de Wal-Mart est supérieur à 40 %, juste en dessous de celui de MacDonald – il doit boucher les trous ; ceci explique que les semaines de travail des cadres de la firme dépassent les 60 heures. Mais rien de tout cela ne semble avoir entamé la loyauté de Crystal et de son époux envers Wal-Mart, en tant qu'idée et institution. La promotion interne, les contacts fréquents avec les cadres supérieurs, une bonne dose de paternalisme et une identité chrétienne à peine masquée ont contribué à générer une culture d'entreprise remarquablement cohésive à laquelle participe une importante proportion de ceux qui font leur carrière chez Wal-Mart. « Des gens ordinaires faisant des choses extraordinaires » : il y a bien une part de vérité dans ce slogan du géant de l'Arkansas.

Comment expliquer l'énormité de Wal-Mart ?

Qu'est-ce qui fait que certaines grosses compagnies deviennent des géants économiques ? Pourquoi General Motors était-elle si grosse durant les décennies du milieu du XXe siècle, et pourquoi Wal-Mart est-elle si grosse aujourd'hui ? Le Prix Nobel d'économie Ronald Coase a décrit l'entreprise comme « un îlot de pouvoir conscient » dans « un océan de coopération inconsciente, comme un morceau de beurre flottant dans un seau de babeurre ». Chaque compagnie a une taille optimale au-delà de laquelle les risques de pertes liés à des problèmes d'encadrement sont plus élevés que les chances de profit pouvant être réalisées grâce aux économies d'échelle. Dans la première moitié du XXe siècle, General Motors est devenue un conglomérat intégré verticalement parce que le Télétype, le téléphone et la qualité des routes lui ont permis de mettre en place son fameux système de contrôle centralisé et d'opérations décentralisées dans des dizaines d'usines et d'États américains. Mais une distribution et une production à ce point intégrées au sein d'une même entreprise ne sont pas toujours le moyen le plus sûr de faire un maximum de profit. Si de nouvelles inventions ou avancées sociopolitiques font qu'il devient plus économique et plus rapide d'acheter plutôt que de produire un même bien ou un même service, alors les décideurs n'hésiteront pas une seconde à démanteler l'énorme entreprise. Si l'on en croit les experts économiques soi-disant les plus futés et les plus au fait des nouvelles technologies, l'entreprise contemporaine est condamnée à la fragmentation dans un monde où les communications sont rapides et peu onéreuses et les marchés toujours plus efficaces. L'entreprise « virtuelle » du XXIe siècle devrait idéalement consister en quelques milliers de cadres et professionnels hautement qualifiés sous-traitant les services non essentiels à des sociétés spécialisées plus compétitives en termes de coûts.

L'externalisation consiste aussi bien à confier la réception téléphonique et les services d'entretien à une multitude de petites sociétés indépendantes, qu'à délocaliser l'ensemble du travail manufacturier nécessaire à la production de produits phares (c'est le cas pour des entreprises « de marque », comme Nike ou Dell). C'est le chemin qu'a suivi General Motors en se séparant de Delco, une division autrefois intégrée à l'entreprise mère. Hormis pour ce qui relève de l'assemblage final et de la production de composants clés, General Motors et tous les autres grands fabricants de voitures ont cherché à externaliser autant qu'il leur était possible, quitte à accueillir les nouveaux fournisseurs sous leur propre toit. En conséquence, la masse salariale de l'entreprise, ouvriers et employés de bureau réunis, a chuté d'environ 50 % par rapport à ce qu'elle était en 1970. Donnant à tout cela une forte coloration métahistorique, l'éditorialiste de *Forbes* Peter Huber a déclaré que c'étaient les « forces du marché et l'ère de l'information » qui étaient venues à bout des Soviétiques et qui bientôt aboutiraient à la dissolution des plus grandes entreprises américaines : « Si vous avez grandi en vous habituant à une vie bien protégée à l'intérieur d'une très grosse compagnie », prévenait-il, faites attention, « le prochain Kremlin à tomber pourrait être le vôtre[18] ».

Mais Wal-Mart, elle, a trouvé le gigantisme très efficace et hautement profitable. En effet, le prix des biens et des services qu'elle achète sur le marché dérégulé n'a pas chuté aussi rapidement que le coût de la « gestion » interne de leur production. Pour Wal-Mart, il reste plus intéressant de construire que d'acheter, et d'employer des travailleurs que de sous-traiter. Comme l'a dit en 2004 Linda Dillman, responsable de la communication chez Wal-Mart : « Externaliser serait une folie. » La raison de son mépris ? « Nous pouvons mettre en place les opérations plus vite que n'importe quel sous-traitant. » « Nous administrons le monde entier à partir de nos installations dans la région [de Bentonville] à un coût que personne ne peut espérer atteindre[19]. » Par conséquent, les mêmes technologies et impératifs économiques qui ont conduit à la décomposition et à la décentralisation de tant d'autres institutions – parmi lesquelles le gouvernement, le système de santé, l'industrie du divertissement et le secteur industriel – ont au contraire permis à Wal-Mart et à d'autres sociétés de grande distribution d'élargir considérablement leur « espace de contrôle » managérial.

Dès 1988, Wal-Mart possédait le plus grand réseau privé de communication par satellite des États-Unis, un système composé de six chaînes qui non seulement permettait à Sam Walton de délivrer en direct ses discours pleins d'entrain à des centaines de milliers d'employés, mais aussi aux acheteurs de la société de montrer précisément aux responsables de chaque magasin la meilleure manière d'exposer les nouveaux produits. Bob Ortega, le biographe de Walton, a ainsi résumé ces innovations : « Wal-Mart construisait un système capable de fournir à ses dirigeants un tableau complet, à n'importe quel moment, de la localisation des produits et de leur vitesse de déplacement, tout le long de leur parcours, de l'usine à la caisse du magasin. » Et ils pouvaient aussi connaître précisément le coût de chaque opération, du travail du chauffeur à celui du manutentionnaire, en passant par les salaires, les horaires et les temps de pause de chacun, sans oublier les bénéfices de n'importe quelle vente réalisée dans n'importe quel magasin par n'importe quel vendeur. Ainsi, lorsqu'il est apparu que les responsables de magasin empêchaient régulièrement les caissières de prendre leur temps de pause, en complète violation de la loi sur le travail, Wal-Mart a annoncé que les ordinateurs de Bentonville fermeraient dorénavant automatiquement les caisses aux intervalles prescrits, passant outre, si nécessaire, aux desiderata du responsable de l'établissement. Voilà un mode de contrôle centralisé qui n'avait jamais été pleinement réalisé, même dans la plus autoritaire des entreprises manufacturières. Ortega rapporte également que dans chaque magasin Wal-Mart, le thermostat est actionné directement depuis Bentonville[20].

L'empire asiatique de Wal-Mart

C'est notamment ce qu'on a appelé la « révolution logistique » mondiale qui a permis à Wal-Mart d'élargir son espace de contrôle. L'icône de cette révolution est le container intermodal, une boîte de métal d'un peu plus de 12 mètres de long devenue, depuis son invention dans les années 1960, omniprésente dans tous les ports, entrepôts et gares de fret du monde – sa simplicité d'usage permet de le débarquer aisément des navires vers les ports, de le charger sur des trains puis sur des camions. Plus d'un million de ces containers vont et viennent chaque année le long d'une autoroute maritime sans fin, de Hong-Kong et Singapour à Long Beach et Los Angeles, devenus les plus grands ports des États-Unis. Le pont des cargos géants porte-containers est rempli de produits destinés aux hypermarchés américains. Parmi les vingt premières entreprises importatrices, huit sont des enseignes de grande distribution. Wal-Mart, Home Depot et Target représentent à elles seules 45 % des marchandises importées par ces grosses compagnies. L'insatiable machine à vendre qu'est Wal-Mart fait traverser chaque année le Pacifique à plus de 230 000 containers. C'est l'équivalent d'environ cent cargos porte-containers, soit environ 20 % de tout ce qui transite par les ports du sud de la Californie. Cette invention a joué un rôle essentiel en rendant possible la constitution de chaînes de production transnationales ; elle a notamment permis à la stratégie d'importation de Wal-Mart, basée sur la maîtrise des coûts et du temps, de se développer.

Comme l'a souligné Edna Bonacich[21], ces containers sont « tractés », et non « poussés », à travers le Pacifique. Dans un système de poussée, caractéristique de la production de masse du siècle passé, les cycles longs de production génèrent des économies d'échelle qui à leur tour entraînent des excédents de stock. Ces derniers sont ensuite « poussés » vers les détaillants, ce qui explique pourquoi tant de concessionnaires automobiles sont régulièrement entrés en guerre contre Detroit, ou pourquoi les fabricants de vêtements ont souvent été contraints de vendre à bas prix leurs produits aux détaillants. Or, dans un système de traction, le revendeur suit à la trace, avec une méticulosité extrême, le comportement du consommateur, puis fait redescendre ses préférences le long de la chaîne d'approvisionnement. On peut alors presque aussitôt procéder au réassort, à la charge du fournisseur de faire plus fréquemment des livraisons, en plus petites quantités. Pour les revendeurs, c'est du « juste à temps » ou du « flux tendu ». Pour faire marcher tout ça, fournisseurs et revendeurs doivent être liés fonctionnellement, même s'ils conservent une existence légale et administrative distincte. Wal-Mart n'est donc pas seulement un énorme détaillant, mais aussi, et de plus en plus, un géant de la production qui en a toutes les caractéristiques sauf le nom.

La firme a installé son proconsul asiatique à Shenzhen, épicentre chinois de l'exportation de produits manufacturés. Une équipe de 400 personnes y coordonne l'achat de quelque 20 milliards de dollars de produits fabriqués en Asie du Sud. Grâce à sa connaissance intime du processus de production et à son immense pouvoir d'achat et de négociation, Wal-Mart a transformé ses 3 000 fournisseurs chinois en simples « preneurs de prix » *(price takers)*, plutôt qu'en partenaires, en vendeurs ou en décisionnaires oligopolistiques. Bien que la majorité de ces fournisseurs restent petits et sous-capitalisés, un nombre croissant d'entre eux président aux destinées d'entreprises d'une taille prodigieuse. Par exemple, Tue Yen Industrial, un fabricant de chaussures basé à Hong-Kong, emploie plus de 150 000 personnes à travers le monde, la plupart dans des usines fabriquant des produits bon marché dans le sud de la Chine. À Dongguan, le complexe industriel regroupe plus de 40 000 ouvriers, et l'usine géante de Huyen Binh Chanh, au Vietnam, en fait travailler 65 000, ce qui en fera bientôt le plus grand lieu de rassemblement de travailleurs au monde[22]. Pour trouver un précédent historique à une telle concentration de main-d'œuvre prolétaire, il faut remonter à la Seconde Guerre mondiale et aux usines d'armement : celles de River Rouge, de Willow Run, de Boeing-Seattle et de Douglas-El Segundo aux États-Unis, celles de Gorki et de Magnitogorsk en Union Soviétique, et celle de Dagenham à côté de Londres.

La chaîne d'approvisionnement de Wal-Mart est tout aussi parfaitement contrôlée à l'intérieur des États-Unis qu'elle l'est à l'extérieur. Là-bas, les fabricants ne réussissent à survivre qu'en courbant l'échine face à leur seigneur-détaillant[23]. Intéressons-nous un instant à l'exemple de Procter and Gamble. Le vénérable fabricant de produits domestiques de l'Ohio a longtemps usé de sa puissance marchande et de ses enquêtes sophistiquées sur les habitudes des consommateurs pour administrer un espace de stockage bien supérieur à celui des détaillants traditionnels. Alors que de nombreuses chaînes de pharmacie et de produits alimentaires considéraient Procter and Gamble comme un tyran qui ne cessait de s'agrandir, Wal-Mart, elle, est sortie vainqueur de ces rapports de force. Avec un meilleur système d'information sur ses points de vente, Wal-Mart a pu rechercher avec plus d'efficacité et de profit des fournisseurs pour ses produits d'entretien ménager. Elle a fini par mieux connaître les consommateurs de produits Procter and Gamble que Procter and Gamble elle-même, si bien qu'à la fin des années 1980, cette dernière a installé tout un bureau de ventes dans le nord-ouest de l'Arkansas. Ainsi fut-elle en permanence en mesure de recevoir des données par satellites sur ses ventes, ses inventaires et ses prix, lui permettant de réapprovisionner ses produits rapidement, précisément, et souvent directement de l'usine aux magasins. Au milieu des années 1990, Wal-Mart devint le meilleur client de Procter and Gamble, générant à elle seule plus de 3 milliards de dollars de chiffre d'affaires par an, soit environ 20 % du total des ventes du fabricant. Mais à Cincinnati, les responsables de Procter and Gamble savaient pertinemment que leur bonne fortune reposait sur le bon vouloir de Wal-Mart ; ils décidèrent donc de racheter Gillette en 2005. Cet achat d'un montant de 57 milliards de dollars était supposé transformer le fabricant de savon en une société de distribution encore plus importante, capable de concurrencer les produits de marque Wal-Mart et l'influence considérable de cette dernière sur les prix. Mais il est probable que même cette méga-fusion ne soit pas suffisante. « Si vous voulez offrir vos services à Wal-Mart, vous devrez être encore plus efficace », affirma un jour le consultant spécialiste de la grande distribution Howard Davidowitz. « Le pouvoir restera du côté de Wal-Mart[24]. »

Wal-Mart contre l'Amérique du New Deal

La maîtrise de la technologie de l'information et la révolution logistique n'expliquent pas à eux seuls toute la réussite de la compagnie. De manière au moins aussi importante, Wal-Mart fut à la fois le bénéficiaire et le moteur d'une transformation, dans le champ politique et culturel, d'un système économique né dans l'Amérique post-New Deal sudiste et désyndicalisée. Les controverses déclenchées par l'arrivée de Wal-Mart dans les grandes métropoles – Chicago, Los Angeles, la baie de San Francisco – témoignent du conflit plus large opposant ce qui reste de l'Amérique du New Deal aux entrepreneurs et politiciens de la Sunbelt dont l'agressivité a brillamment réussi à la mettre en pièce.

Le marché du discount repose sur une attention continue et quasi-obsessionnelle aux salaires et au coût du travail. Les discounters doivent avoir un turnover deux ou trois fois supérieur à celui des enseignes traditionnelles, telles que Sears et Macy's, pour atteindre un profit équivalent. Quant à la vitesse de rotation des stocks, elle s'explique par des marges étroites, lesquelles exigent en retour que la part du coût de la main-d'œuvre ne dépasse pas 15 % du total des ventes ; c'est-à-dire environ la moitié de ce que ce coût représente dans les supermarchés traditionnels.

Et c'est Wal-Mart qui est aux avant-postes de ce marché du discount, avec des dépenses liées aux ventes et à l'administration générale – principalement des salaires – environ 25 % moins élevées que celles de Kmart, Target, Home Depot et autres géants contemporains de la distribution. En 1958, quand les emplois industriels étaient trois fois plus nombreux que ceux de la distribution, l'impact de cette pression à la baisse sur les salaires serait sans doute resté limité. Aujourd'hui, alors que le nombre d'employés de la grande distribution dépasse celui des travailleurs de l'industrie, ce sont des dizaines de millions de salariés qui sont touchés par la baisse du niveau des revenus.

Bien sûr, le fait que Wal-Mart soit parvenue à établir un nouveau standard pour les bas salaires dans la grande distribution ne tient pas seulement à la spécificité de ce secteur d'activité, aux penchants économes de Sam Walton, ou aux nouvelles technologies de contrôle du personnel et de suivi des produits. La compagnie est née et a commencé sa formidable croissance à une époque et dans un lieu particulièrement improbables. Ni le New Deal, ni la révolution des droits civiques n'étaient véritablement arrivés jusqu'au nord-ouest de l'Arkansas, cet État rural, presque entièrement blanc, sans syndicat et désespérément pauvre où Walton a commencé à constituer son empire provincial de la grande distribution. Mais la révolution agricole qui avait suivi la fin de la Guerre était en plein boom, dépeuplant les fermes de l'Arkansas et mettant des dizaines de milliers d'hommes et de femmes à la recherche de leur premier vrai salaire. De plus, dans le Sud rural des années 1950 et 1960, une frénésie de construction routière condamna des milliers de petits commerces de village situés au croisement de chemins poussiéreux. Mais les nouvelles autoroutes inter-États firent converger des groupes bien plus importants de consommateurs potentiels vers les environs des villes, petites mais en plein essor, de Rogers, Harrison, Springdale ou Fayettville. Et ces mêmes autoroutes permirent aux revendeurs de province de construire et de mettre en service les vastes et opérationnels entrepôts nécessaires à la vente de produits discount[25].

Walton tira pleinement parti de ces circonstances. Son paternalisme campagnard n'avait rien d'un nouveau style managérial, mais il l'incarnait avec brio. Comme tant d'autres employeurs du Sud, Walton faisait tout pour contourner les lois sur le salaire minimum et les usages en vigueur pour les heures supplémentaires. Il fut par ailleurs un des premiers clients des cabinets juridiques anti-syndicats qui commençaient à fleurir dans la région. Wal-Mart parvint ainsi, au début des années 1970, à empêcher le Teamster and Retail Clerks International Union (le Syndicat international des vendeurs et des camionneurs) d'organiser sa campagne ; la compagnie avait loué les services d'un certain John E. Tate, avocat de l'Omaha dont l'anti-syndicalisme militant était issu de la lutte à forte connotation raciale qui secoua l'industrie du tabac en Caroline du Nord à la fin de la Grande Dépression. C'est Tate qui convainquit Walton qu'un programme d'intéressement pour les employés ferait une bonne publicité à la compagnie et éloignerait la menace des syndicats, tout en maintenant les salaires au plus bas[26]. Bien entendu, partage des profit et bas salaires sont fortement interconnectés. Les bas salaires ont généré un fort turnover, lequel a permis de s'assurer que seuls quelques employés pourraient bénéficier du plan d'intéressement aux bénéfices, qui nécessitait deux années d'ancienneté.

Après le milieu des années 1970, la croissance de Wal-Mart – l'enseigne comptait alors une centaine de magasins – fut poussée par le fort vent reaganien, très propice au business, soufflant sur l'économie américaine. Tous les employeurs à forte main-d'œuvre du pays purent ainsi économiser quelques centaines de milliards de dollars par an. Dans l'immédiat après-guerre, lorsque Sears et Montgomery Ward s'implantèrent dans les banlieues américaines, la menace du syndicalisme les obligea à verser des salaires relativement élevés, en particulier aux vendeurs des rayons électroménagers. Mais en 1978, l'échec de la réforme sur la loi du travail, suivi par la débâcle de la PATCO (le Syndicat des contrôleurs aériens) en 1981, montra que le syndicalisme ne serait plus une menace réelle pour le secteur du discount. Et de fait, les salaires réels versés par Wal-Mart ont décliné dès après 1970, anticipant le déclin de 35 % en valeur réelle du salaire minimum au cours des trois décennies suivantes. L'échec du plan d'assurance santé de Clinton en 1994 permit à Wal-Mart de continuer à ne pas prendre en charge une partie des coûts du travail ; l'économie s'élevait à 2 000 dollars par employé du secteur alimentaire, secteur où Wal-Mart venait justement d'entrer. Puis l'adoption de la législation sur le libre-échange, qui prévoyait l'entrée de la Chine dans l'OMC, signifia que Wal-Mart allait facilement profiter du marché mondial et de ses *sweatshops*[27].

On peut se rendre compte des particularités réactionnaires du modèle commercial développé par Wal-Mart en le comparant à celui de Costco, autre grand distributeur basé à Washington, dont les prédécesseurs, Fed-Mart et Price Club, ont fait l'objet de la part de Walton de nombreuses louanges. Il les a fréquemment cités comme modèles et sources d'inspiration pour ses propres opérations commerciales. À une exception près, et de taille : Wal-Mart a toujours refusé d'adopter les pratiques de gestion du personnel du trio Fed-Mart - Price Club - Costco. Costco doit sa singularité à Sol Price, démocrate juif pro-New Deal dont les valeurs sociales et culturelles étaient celles du New York de la Grande Dépression. Bien que devenu multimillionnaire, Price demeura sous l'ère Reagan partisan de l'augmentation des impôts sur les hauts revenus, de la hausse des dépenses sociales et d'une taxe confiscatoire sur la fortune. Il fit un jour observer qu'au cours de son apprentissage entrepreneurial, il continuait de lire le *Daily Worker* plutôt que le *Wall Street Journal*[28].

Price mit en place une politique qui accordait à son personnel de hauts salaires et des avantages conséquents, situant le turnover de la société à moins d'un tiers de celui de Wal-Mart. Il se démarquait aussi de cette dernière par l'image qu'il se faisait de ses clients : il ne visait ni les anciens agriculteurs, ni les petits employés de province, mais souhaitait conquérir cette large classe moyenne née avec le New Deal, puis renforcée par une politique interventionniste. À ses débuts, Price n'acceptait pour membres que ceux qui disposaient d'un emploi régulier et de bons revenus – c'est-à-dire, outre les petits commerçants, les syndicalistes, les employés fédéraux, les enseignants, les travailleurs sociaux et les infirmières, ou les personnes disposant d'une mutuelle. Costco acquit bientôt une solide réputation de part et d'autre du pays pour la qualité et le prix peu élevé des produits qu'il vendait ; si bien qu'à chaque fois qu'ils y faisaient leurs courses, les clients dépensaient environ 50 % de plus que dans les autres grands supermarchés. Mais avec seulement quelques magasins dans le Midwest et aucun dans les États du Sud, Costco reste aujourd'hui encore un phénomène limité aux États démocrates. D'ailleurs, sa direction ne fait des donations qu'au parti démocrate et a choisi de n'exercer presque aucune pression sur le syndicat des routiers.

Culture et idéologie

De son côté, Wal-Mart est tout entière imprégnée de la culture des « États rouges ». Elle compte sans aucun doute parmi les entreprises les plus engagées pour la cause républicaine ; ses donations lors des campagnes présidentielles de 2000 et 2004 furent presque exclusivement versées à George Bush et à son parti[29]. Mais l'identité républicaine de Wal-Mart ne se résume pas à la simple politique électorale, tout comme le conservatisme contemporain représente bien plus que l'allégeance à un parti politique. La compagnie s'est révélée remarquablement efficace dans la diffusion, bien au-delà de ses racines territoriales, ancrées dans le triangle « Arkansas - Missouri - Oklahoma », d'un modèle singulier d'esprit entrepreneurial et de faux égalitarisme chrétien. Wal-Mart s'enorgueillit de sa culture d'entreprise, mais l'écho rencontré par cette idéologie ne résulte pas de sa singularité ; il provient de la manière dont ses dirigeants ont systématiquement cherché à traduire le populisme conservateur de l'ère Reagan en un ensemble de tropes idéologiques qui s'emploient concrètement à légitimer la structure hiérarchique de Wal-Mart et à isoler les employés de tout ce qui, en dehors de l'entreprise, pourrait venir perturber leur dévouement. Et l'ethos managérial de la compagnie, si efficace dans cette région « arriérée » du Sud, s'est révélé parfaitement adaptable, fructueux et compétitif dans l'Amérique du XXIe siècle bien plus densément peuplée et cosmopolite.

La culture idéologique de Wal-Mart est composée de plusieurs éléments interconnectés, certains d'entre eux relevant d'un capitalisme-providence que des entreprises paternalistes telles que Pullman, Heinz et la National Cash Register, furent les premières à mettre en place dans les années ayant précédé la Première Guerre mondiale. Les éléments les plus importants sont la famille, la communauté et l'égalitarisme d'entreprise, qui associent le simple vendeur payé 9 dollars de l'heure aux millionnaires décisionnaires enfermés dans les locaux du quartier général de la firme à Bentonville. Le communautarisme provincial de Wal-Mart est généralement identifié à la personnalité de Sam Walton, connu pour son accent typique des Ozarks[30], sa blouse, et sa vieille camionnette qui lui servait à arpenter les environs de Bentonville. Walton a fait tout son possible, souvent avec succès, pour donner de Wal-Mart l'image d'une société vertueuse et proche des gens. Malgré la sophistication technologique de l'infrastructure de l'entreprise, Walton n'a cessé de tourner en ridicule la supposée efficacité de l'ère informatique pour mieux vanter les mérites du travail, de la loyauté indéfectible et de l'Amérique provinciale, présentés comme les clés du succès de Wal-Mart et de ceux qui y travaillent. « Nous n'avons rien à voir avec la technologie, qu'elle soit “haute” ou “basse” », a ainsi déclaré Walton à des milliers d'admirateurs assistant à sa dernière rencontre d'actionnaires en 1991, un an avant sa mort[31].

Walton et d'autres responsables de la firme institutionnalisèrent cet imaginaire social grâce à un habile glissement sémantique. Ils désignèrent tous les employés par le terme d'« associés », utilisèrent couramment leur prénom dans les conversations ou les firent imprimer sur les badges de leurs uniformes, et rebaptisèrent le département des ressources humaines en *people division*[32]. Les associés dont les performances étaient en dessous de la moyenne ne devaient plus être « disciplinés », mais « coachés » pour réaliser tout leur potentiel[33]. Ce type de nivellement symbolique prend souvent une saveur toute carnavalesque lors du meeting annuel géant de Wal-Mart, où les hauts responsables sont

« croqués » au travers de chansons, de sketchs satiriques et de vaudevilles qui les mettent dans l'embarras devant une assistance tapageuse composée de milliers d'« associés »[34].

Plus important encore que ce faux égalitarisme, la culture Wal-Mart est également empreinte de patriotisme, de foi et de vénération pour la réussite entrepreneuriale. Ce n'est certes pas nouveau : les grandes entreprises américaines se sont toujours ralliées à l'élan patriotique, et pas seulement en temps de guerre ou de crise. Dans les années 1950, General Motors faisait la promotion de son modèle bas de gamme en diffusant un jingle qui enjoignait aux consommateurs de la classe ouvrière américaine de « visiter les États-Unis dans leur Chevrolet. [Parce que] l'Amérique est le plus grand de tous les pays ! ». Mais de son côté, Wal-Mart n'a cessé de mobiliser cette fibre avec encore plus d'intensité, de la fin des années 1980, avec sa campagne commerciale et publicitaire « Made in the USA », qui fut un échec, aux années 2000, au travers de ses efforts pour fêter les soldats de la Garde Nationale et de l'US Army – parmi lesquelles on trouve nombre d'anciens employés de la firme – qui servent au Moyen-Orient[35]. Mais le nationalisme affiché a ses limites dans une entreprise dont l'objectif est de s'implanter partout dans le monde ; les meetings annuels de Wal-Mart ont donc pris une coloration nettement plus « internationale » au cours de la dernière décennie. Comme l'a dit à ses associés Don Soderquist, directeur exécutif de Wal-Mart pendant une grande partie des années 1990 : « Nous sommes fiers de notre pays, mais ailleurs ils sont tout aussi fiers du leur. Ce qui est transférable, c'est la culture Wal-Mart ; elle rend les gens heureux et les traite avec considération[36]. »

En 2005, Soderquist, qui s'est mué en représentant vedette de la culture Wal-Mart, a confié dans ses mémoires : « Je ne dis pas que Wal-Mart est une entreprise chrétienne, mais je peux dire sans équivoque que Sam a fondé la société sur les valeurs judéo-chrétiennes[37]. » En réalité, Walton a toujours pris son identité presbytérienne plutôt à la légère et, au contraire de Soderquist qui a massivement cotisé pour les églises évangéliques de l'Arkansas, le père fondateur considérait le partage des profits et les montagnes des Ozarks comme des éléments bien plus essentiels de l'ethos Wal-Mart[38]. Mais Soderquist a raison de souligner à quel point l'univers culturel protestant – ou chrétien, selon la rhétorique actuelle – est au cœur de l'identité de la compagnie, même si ses dirigeants se retiennent de mettre en avant cette sensibilité évangélique.

Elle est en effet bien présente. Comme les méga-églises, les évangélistes télévisuels et les séminaires de motivation de Zig Ziglar[39], Wal-Mart est immergée dans un ethos chrétien qui associe le salut personnel à la réussite entrepreneuriale, l'assistance sociale à la libre entreprise[40]. Les publications de Wal-Mart sont remplies d'histoires d'« associés » qui, traversant une passe difficile, trouvent la rédemption économique et spirituelle en se consacrant pleinement à la compagnie. Pour ceux-là, le service désintéressé du client, de la communauté et de Wal-Mart ne tardera pas à porter ses fruits. Autrefois, la société de télécommunication – la vieille AT&T – s'était aussi déclarée investie dans « l'assistance universelle », dans la diffusion de la « voix du bonheur » ; mais l'invocation par Wal-Mart de cet impératif a une coloration nettement moins laïque. Ainsi le *Sam's Associate Handbook* de 1991 déclarait : « Wal-Mart croit qu'un management responsable consiste à créer un leadership au service des associés. Les cadres doivent soutenir, encourager et aider les associés afin qu'ils trouvent les ressources pour réussir. Monsieur Sam appelle cela "diriger en servant"[41]. » Avec sa subtile connotation chrétienne, cette phrase a été utilisée de plus en plus fréquemment dans les publications de la compagnie, et par un nombre croissant de ses vendeurs[42]. En 1999, alors qu'on préparait H. Lee Scott à prendre les rênes de Wal-Mart, Joe Hardin, ancien directeur du Sam's Club alors PDG de Kinko's, confia au *Discount Store News*[43] : « Lee est quelqu'un de vraiment "Wal-Mart". Il a grandi dans la culture de l'entreprise ; il est à l'écoute des autres et communique avec leurs idées. C'est un véritable chef-servant qui sait comment monter une équipe et faire travailler les gens ensemble[44]. »

C'est une chose d'élaborer une culture d'entreprise singulière. C'en est une autre de préserver et de reproduire cet ensemble de structures idéologiques et organisationnelles à un moment où on construit des magasins et des centres de distribution hors de son territoire d'origine. Mais Wal-Mart y est parvenue. Dans les années 1970 et 1980, la compagnie n'a pas investi directement dans les banlieues riches mais culturellement étrangères ; elle s'est au contraire déployée lentement, étape par étape, dans les provinces rurales et peu urbanisées. Bien que Wal-Mart ait acquis des centaines de supermarchés à la fin des années 1970, la distance moyenne séparant un nouveau magasin de Bentonville n'était alors que de 440 kilomètres. Par ailleurs, la compagnie a recruté ses cadres supérieurs presque exclusivement dans les États centraux du Sud – les deux derniers PDG de Wal-Mart sont respectivement diplômés de l'université d'État du Missouri et de celle de Pittsburg au Kansas. Et lorsque Wal-Mart a ouvert des magasins au-delà de la matrice « arkansassienne », son haut degré de centralisation garantissait que l'ethos de Bentonville ne serait pas dilué[45]. Qui plus est, la vaste flotte de jets privés de la firme a toujours permis à de nombreux cadres régionaux de vivre à Bentonville tout en administrant des territoires commerciaux éloignés. Enfin, les réunions hebdomadaires du samedi matin, à l'image du show annuel de Fayetteville, réunissent les huiles ainsi que des dizaines de cadres moyens et un groupe sélectionné de simples employés. Cela pourrait simplement sembler « pittoresque et bidon » ; mais, pour reprendre les termes d'un reporter du magazine *Fortune*, ce rituel « fait que la plus grande entreprise mondiale continue de paraître aussi petite et sans prétention que Bentonville. Et tout ce qui donne de Wal-Mart l'image d'une entreprise plus petite et plus populaire la rend plus puissante. Ou plus inquiétante[46] ».

Mais ce n'est pas à Bentonville que Wal-Mart fait ses affaires. C'est dans les milliers de magasins discount et d'hypermarchés où l'essentiel du management est assuré par les cadres et leurs assistants, qui ont pour responsabilité d'atteindre les objectifs de ventes et de dépenses que les ordinateurs de Bentonville leur font implacablement parvenir chaque semaine. La culture d'entreprise de Wal-Mart s'efforce de rendre la manière plus douce, mais les fonctions du cadre et de ses assistants, parmi la poignée de salariés que compte chaque magasin, consistent avant tout à gérer le personnel et à organiser le travail ; et cela se fait bien plus avec un bâton qu'avec une carotte, avec de la sueur qu'avec des discours édifiants. Le travail est difficile, les semaines longues, et les perspectives de carrière rarement enthousiasmantes.

Au début des années 1980, Wal-Mart a dû faire face à une crise du recrutement. Avec plus de 100 nouveaux magasins ouvrant chaque année, ce furent des milliers de cadres et de cadres assistants que l'entreprise a dû recruter ou promouvoir dans le même laps de temps. Wal-Mart vacilla. Le recrutement interne signifiait qu'il lui fallait faire la promotion de nombreuses femmes, ce qui entrait directement en conflit avec les valeurs familiales de Wal-Mart, à peu près équivalentes à celles du patriarcat sudiste. Bien sûr, le sexisme de la compagnie avait sa logique propre. La révolution féministe avait à peine atteint les États du Centre ; autrement dit, les femmes qui travaillaient pour Wal-Mart devaient continuer d'élever leurs enfants, de préparer les repas et de s'occuper de la grand-mère. Pour la plupart d'entre elles, il était impensable de déménager et de s'établir dans une ville éloignée afin de gravir les rares et imprévisibles échelons internes de l'entreprise. Et si la compagnie leur confiait des fonctions d'encadrement dans le magasin de leur ville, alors il était probable qu'elles s'avèrent moins zélées sur le plan disciplinaire que leurs collègues masculins. Comment en effet auraient-elles pu « coacher » de vieux amis et connaissances avec qui elles avaient un jour échangé des potins dans la salle de repos[47] ?

Wal-Mart se tourna donc vers les universités pour recruter une nouvelle génération de cadres. Mais elle fut confrontée à un autre problème. Peu de jeunes diplômés de MBA[48] étaient prêts à accepter un difficile travail de cadre assistant pour 25 000 dollars par an. Et même les étudiants en commerce des grandes écoles se sentaient frustrés quand ils découvraient que la firme n'avait guère recours à leurs compétences comptables et marketing. La solution consista donc à aller débaucher les cohortes de jeunes stagiaires en management dans les universités confessionnelles et les annexes des universités d'État, où le zèle, la culture chrétienne et la préparation à des carrières modestes sont la norme. Wal-Mart voulait des étudiants de second rang, des cadres s'identifiant complètement à leur entreprise, de jeunes gens qui étaient les premiers de leur famille à suivre des études supérieures. Elle voulait des hommes jeunes, et quelques femmes, qui puissent s'engager pleinement en faveur de l'ethos et de la culture d'entreprise.

Wal-Mart envoya donc des recruteurs dans de petites universités du Sud, travailla avec des organismes établis tels que les Distributive Education Clubs of America (les Clubs pour l'égalité d'accès à l'éducation), et diffusa des publicités sur le câble, dans les bases militaires locales et les églises des environs. Cependant, c'est dans les rangs d'un nouvel et dynamique organisme, le Students In Free Enterprise (les Étudiants de la Libre Entreprise), que Wal-Mart allait bientôt recruter jusqu'à un tiers de ses cadres stagiaires. À la fin des années 1990, cet organisme revendiquait une présence sur plus de 700 campus américains[49].

Le SIFE était, et reste aujourd'hui, une organisation idéologique faisant de la propagande en faveur d'un capitalisme dérégulé dans le milieu conservateur chrétien ; ce dernier a été formé dans des lieux comme le College of Ozarks, la John Brown University à Siloam Springs dans l'Arkansas, la Southwest Baptist University à Bolivar dans le Missouri, la Drury University près de Springfield, ou La Sierra University à Riverside en Californie. Mais, à l'instar de Wal-Mart, qui a placé nombre de ses cadres dirigeants dans le conseil d'administration du SIFE et s'est implantée dans des centaines d'écoles et d'universités par l'intermédiaire des Sam Walton Free Enterprise Fellows (les Amis de Sam Walton et de la Libre Entreprise), le SIFE n'a jamais fait l'apologie d'un monde néolibéral où seuls comptent l'intérêt personnel et la lutte pour la survie. À la différence de Gordon Gekko, personnage principal du film *Wall Street*, le SIFE ne prétend pas que l'avidité est bonne. Au contraire, redynamisé par Wal-Mart au début des années 1980, il a préparé les étudiants à des emplois d'encadrement subalternes en liant l'estime de soi et l'entraide caractérisant le corps estudiantin à l'idéologie propre au capitalisme de marché et à la promotion dans l'entreprise. Ainsi la déclaration de principes du SIFE avance-t-elle : « Nous croyons que c'est la libre entreprise moralisée qui offre le meilleur moyen d'améliorer la vie des autres. » Cette idéologie, diffusée avec succès, était idéale pour créer l'encadrement jeune et dévoué dont Wal-Mart avait besoin pour gérer son empire commercial en constante expansion. Et c'était suffisant pour que revienne à ce groupe « estudiantin » une place convoitée sur le site internet officiel de Wal-Mart[50].

Tout comme la firme de l'Arkansas, le SIFE est très centralisé et extrêmement ambitieux. C'est une « organisation missionnaire », selon les termes d'un des Amis de Sam Walton, dont la convention annuelle exploite quelques-unes des passions qui électrisent également les fameux meetings organisés par Wal-Mart. Le conseil d'administration du SIFE est largement composé des fournisseurs les plus importants de la firme, ainsi que des quelques commerçants spécialisés, tels que Walgreens et Radio Shack, qui ne sont pas en compétition directe avec le monarque de Bentonville. Lorsque Wal-Mart s'implante à l'étranger, le SIFE en fait autant ; au point de pouvoir désormais se vanter d'avoir des « équipes » dans plus de 600 universités et écoles étrangères. Aujourd'hui, les Amis de Sam Walton enseignent à de jeunes gens les joies de la libre entreprise dans les républiques de l'ex-Union Soviétique, en Afrique du Sud, au Royaume-Uni et en Europe de l'Ouest – où Wal-Mart cherche à laisser une empreinte plus profonde – et par-dessus tout dans l'est de l'Asie, qui est aujourd'hui la frontière la plus dynamique du capitalisme. Quant au SIFE, il déclare être en plein développement aux Philippines, en Malaisie et en Corée du Sud, et s'est établi directement en Chine, où quelque 29 universités accueillent les Amis de Sam Walton et de la Libre Entreprise[51].

Un conte de deux pays[52]

L'expansion de Wal-Mart hors des États-Unis ne s'est pas toujours faite en douceur. Malgré la puissance de sa culture d'entreprise, la réussite du modèle économique de la compagnie repose largement sur la force ou la faiblesse du régime du droit du travail qu'elle rencontre. C'est particulièrement vrai de l'autre côté de l'Atlantique, où Wal-Mart a annoncé vouloir ouvrir « des magasins dans chaque ville européenne ». Pour y parvenir, ils ont soit acquis des enseignes de grande distribution en France, en Allemagne, en Hollande, en Irlande et au Royaume-Uni, soit engagé des négociations avec la plupart d'entre elles. Avec un marché d'au moins 200 millions de consommateurs prospères, le pouvoir d'achat en Europe est en effet bien plus élevé que dans n'importe quelle autre région du monde en dehors des États-Unis.

En 1999, Wal-Mart a racheté Asda, la deuxième plus grande chaîne de supermarchés du Royaume-Uni. Étant donné les dégâts causés par le thatchérisme, Asda, qui disposait alors d'un réseau d'environ 300 magasins, n'eut guère de difficultés à se mettre au diapason de la politique salariale et du recours au temps partiel pratiqués par Wal-Mart tout au long des années 1990. « Lorsqu'on nous a rachetés, confia le PDG d'Asda Tony Denunzio, c'était comme racheter un clone[53]. »

Mais la Grande-Bretagne n'est pas l'Amérique, et le développement d'Asda a rencontré une résistance considérable : de la part de ceux qui veillent à faire scrupuleusement respecter les lois sur les zones urbaines et l'expansion des villes, de la part des agriculteurs et des autres producteurs nationaux qui ont souffert de la célèbre pression opérée par Wal-Mart sur ses fournisseurs, de la part du dense réseau d'organisations non gouvernementales tels Oxfam et la fondation Fairtrade, et de la part des syndicats, qui ont gardé une certaine influence dans le secteur de la grande distribution. Mais tout cela n'a pas suffi à empêcher la croissance d'Asda : l'enseigne a absorbé Sainsbury's en 2003 et bénéficié de l'oreille attentive du New Labour de Tony Blair. Ce dernier s'est ainsi fait un devoir d'affirmer que les citoyens britanniques aimaient faire leurs courses dans les supermarchés en bordure des centres-villes, au grand dam des urbanistes travaillant pour son propre gouvernement qui voyaient dans ce type d'agencements la mort d'un grand plan de transport entre la ville et sa banlieue[54].

En Allemagne, tout au contraire, Wal-Mart fut incapable d'importer les méthodes commerciales à l'américaine, et essuya des pertes de Berlin jusqu'à Bonn. « Ce fut un fiasco », rapporte Andreas Knorr, l'un des principaux spécialistes allemands de la grande distribution. Ainsi Wal-Mart a-t-elle acquis Wertkauf, une chaîne d'hypermarchés allemands de 21 magasins, en 1997, avant de racheter 74 autres magasins au groupe Interspar l'année suivante, mais elle a probablement perdu environ 250 millions de dollars par an, sans jamais parvenir à augmenter sa minuscule part du marché de la grande distribution allemand. Les raisons en sont à la fois politiques et culturelles.

Sur le plan politique d'abord, malgré les assauts néolibéraux visant à mettre à mal les acquis de la démocratie sociale, l'environnement législatif est assez différent en Allemagne de celui en vigueur dans le monde anglo-américain. Wal-Mart a échoué à s'y montrer compétitive parce que la planification rigoureuse et les réglementations sur le zonage urbain ont empêché la réimplantation des magasins en dehors des villes ou dans un cadre urbain reconfiguré.

Les réglementations restrictives concernant les heures d'ouverture des magasins ont limité la manière dont Wal-Mart a pu tirer parti de la flexibilisation des horaires et de la rotation accélérée de la main-d'œuvre. Avec 80 heures par semaine, la durée d'ouverture des magasins allemands est la plus courte d'Europe. Par ailleurs, les lois anti-trusts y ont limité l'intensité de la guerre des prix et mis en pièce les efforts déployés par Wal-Mart pour pressurer les fournisseurs allemands et introduire sa marque de fabrique, « des prix toujours plus bas ». Enfin, une proportion étonnamment élevée des enseignes de grande distribution allemandes appartient à des familles, dévalorisant ainsi ce qui apparaît aujourd'hui comme le but suprême de toute entreprise : la maximisation de la valeur de l'action.

Ensuite, sur le plan culturel, les citoyens allemands n'apparaissent pas aussi enchantés par le consumérisme que les Anglais ou les Américains. Ils semblent allergiques à la fausse bonne humeur que Wal-Mart s'emploie à diffuser dans ses magasins, et se sont récemment révélés plutôt économes. Les consommateurs allemands dépensent 30 % de leurs revenus chez les détaillants, alors que la proportion était de 40 % il y a seulement dix ans. Quant à l'encadrement de Wal-Mart en Allemagne, il a été décrit comme arrogant, inepte, révélateur d'un « choc des cultures » et d'un « orgueil démesuré ». Au cours des quatre années ayant suivi l'acquisition de ses premiers magasins allemands, la multinationale de Bentonville a nommé quatre PDG. Certains d'entre eux ne parlaient pas allemand, et quand Wal-Mart se décida à recruter des directeurs locaux, ces derniers trouvèrent la culture managériale de la compagnie complètement étrangère à la leur. Selon Andreas Knorr, « l'échec de Wal-Mart sur le marché allemand » fut le résultat inévitable de son incapacité à gérer cette relation interculturelle. « En Allemagne, Wal-Mart est davantage une proie qu'un prédateur[55]. »

D'autres expériences ont été plus positives pour la compagnie. Ainsi, durant les années 1990, Wal-Mart est devenue la plus grande chaîne d'hypermarchés du Mexique, où elle a prospéré en partie grâce au traité de libre-échange signé avec les États-Unis et à l'essor de la classe moyenne locale. Mais la stratification de plus en plus radicale de l'économie mexicaine et la polarisation du marché de la consommation pourraient bien fixer des limites à sa croissance sur place, malgré l'efficacité de ses chaînes d'approvisionnement avec les États-Unis. Toute l'Amérique latine ne s'est pas révélée aussi réceptive à l'expansion de Wal-Mart. Au Brésil, Carrefour était déjà implantée, et en Argentine, la crise de liquidités, la chute du niveau de vie et la difficulté à trouver des fournisseurs adéquats ont contrecarré ses plans.

Travailler chez Wal-Mart

Wal-Mart est une entreprise largement protestante ; ce qui ne l'empêche pas d'avoir énormément de culot. Ainsi affirme-t-elle que les petits salaires versés et les maigres avantages octroyés permettent d'employer des travailleurs qui n'ont pas réellement besoin des rentrées d'argent nécessaires à la plupart des familles américaines. Et effectivement, seuls 7 % des employés de la firme essaient tant bien que mal de faire vivre leur famille grâce à leur seul salaire. Wal-Mart cherche à poursuivre dans cette voie en recrutant en priorité de jeunes gens en âge d'aller à l'école, des retraités, des personnes cumulant plusieurs emplois ou des employés souhaitant, ou devant, travailler à mi-temps[56]. La culture du management chez Wal-Mart, bien différente de la politique officielle du personnel, justifie la discrimination exercée à l'encontre des femmes – qui représentent désormais les deux tiers des employés de la compagnie – en disant que ce ne sont pas elles qui nourrissent leurs familles. Jamais depuis l'essor de l'industrie textile au début du XIXe siècle, lorsque femmes et enfants représentaient la majeure partie de la force de travail, les dirigeants d'un secteur d'activité aussi important pour le développement économique américain n'avaient recherché une main-d'œuvre définie comme marginale dans l'économie familiale[57].

Le contraste avec la politique du personnel d'une autre puissante compagnie qui se tenait autrefois à l'épicentre de l'économie américaine est saisissant. Il y a un demi-siècle, General Motors était l'entreprise la plus grande et la plus lucrative du pays, avec un chiffre d'affaires qui avoisinait les 3 % du PIB, ce qui lui donnait un impact économique encore plus fort que celui de Wal-Mart aujourd'hui[58]. Au temps de sa grandeur, entre la fin des années 1920 et les années 1970, General Motors a fabriqué quasiment la moitié des voitures produites chaque année aux États-Unis. Et elle n'était pas seulement un fabricant de voitures ; elle produisait aussi des camions, des locomotives et de l'équipement militaire. Elle était un acteur majeur de la production aéronautique et électroménagère, et la General Motors Acceptance Corporation était de loin le plus grand organisme de crédit américain[59]. Comme c'est le cas pour Wal-Mart aujourd'hui, aucun concurrent n'était susceptible de menacer sa suprématie. Et, de même qu'on peut se moquer de la prétention de Wal-Mart – dont les incessants spots télévisés claironnent qu'il y a un lien bénéfique entre la réussite de la compagnie et celle des travailleurs, des clients et de la communauté – on pouvait aussi se moquer de celle de General Motors ; mais il était bien difficile de faire comme si elle n'existait pas.

Bien sûr, General Motors n'a jamais été une institution charitable ; c'était une entreprise intraitable qui cherchait à assurer un retour de 20 % sur investissement à ses actionnaires, les années avec comme les années sans. Elle fit même du profit en 1932, alors que des dizaines de milliers de ses employés venaient d'être licenciés. Mais après 1937, les syndicats firent leur entrée à General Motors, les grèves y devinrent fréquentes, et la pression organisée par les ouvriers, qui exigeaient une part plus grande des dividendes liés à la productivité, incessante. Au sortir de la Seconde Guerre mondiale, l'United Automobile Workers (les Travailleurs Unis de l'Automobile) se mit en grève pour soutenir la politique des prix bas que Wal-Mart rendrait célèbre 35 ans plus tard : il voulait que General Motors gèle le prix de ses voitures tout en continuant à augmenter les salaires, de manière à partager les économies rendues possibles par l'afflux des investissements liés à la guerre. Pour les dirigeants de General Motors, cela sonna comme un assaut syndicaliste sur des prérogatives gestionnaires jalousement défendues. Ils décidèrent donc de se battre contre l'UAE tout au long de l'hiver 1946, réussissant in extremis à remiser l'idée au placard.

Au lieu de cela, la compagnie accepta, lors des négociations collectives historiques de 1948 et 1950, d'augmenter annuellement le salaire réel de ses 300 000 ouvriers sans tenir compte de l'inflation, de la récession ou de la rentabilité de l'entreprise. C'est ce que le magazine *Fortune* a appelé le « Traité de Detroit ». Ainsi, entre 1947 et 1973, le salaire réel des ouvriers de l'automobile doubla ; et parce que General Motors était la compagnie modèle du milieu du XXe siècle, la norme salariale en vigueur dans l'industrie automobile fut rapidement adoptée par une large part des grosses entreprises industrielles, qu'elles soient ou non syndicalisées. Pour la première et la dernière fois dans l'histoire du xxe siècle, les revenus réels de ceux qui se trouvaient dans la moitié basse de l'échelle salariale augmentèrent aussi rapidement que ceux des 10 % les plus riches de la population américaine. Qui plus est, les cols bleus américains obtinrent une augmentation des allocations pour la santé et la retraite, jouissant ainsi de conditions de sécurité jusqu'alors jamais atteintes[60].

Mais cela ne constitua pas pour autant un blanc-seing accordé à la direction de General Motors. En 1953, lorsque le Président Eisenhower engagea le PDG du géant de l'automobile, Charles E. Wilson, dans son cabinet, ce dernier dut se présenter devant le Congrès pour défendre ses vues et ses compétences. Quand on lui demanda s'il n'y avait selon lui aucun conflit d'intérêts entre sa carrière d'entrepreneur et ses nouvelles fonctions gouvernementales, Wilson répliqua par une tirade désormais célèbre que ce qui était « bon pour le pays [l'était] pour General Motors, et vice-versa ».

Le Congrès confirma finalement Charles Wilson au poste de secrétaire à la Défense, mais sa déclaration intrépide suscita une poussée d'indignation qui n'a guère décru en intensité plus d'un demi-siècle après. On peut dire de la petite phrase de Wilson qu'elle était arrogante, mais elle fut controversée précisément parce qu'elle mettait le doigt sur une certaine réalité[61].

Il en va de même pour Wal-Mart, qui prétend que la pression qu'elle exerce sur les prix contribue à l'élévation du niveau de vie de toute la population américaine, faisant économiser chaque année 100 milliards de dollars aux consommateurs, quelque chose comme 600 dollars par an pour une famille moyenne. Une étude de l'Institut Mondial

McKinsey a conclu que la hausse de la productivité dans le secteur de la grande distribution, mesurée en valeur réelle ajoutée par heure travaillée, a triplé dans les 12 années qui ont suivi 1987, en partie en raison du leadership exercé par Wal-Mart sur cet énorme secteur économique. « Ces économies sont vitales pour des millions de familles aux revenus faibles ou moyens qui ont du mal à boucler leurs fins de mois », a affirmé le PDG de Wal-Mart H. Lee Scott. « Concrètement, c'est comme si elles recevaient de l'argent chaque fois qu'elles viennent faire leurs courses chez nous[62]. »

Mais pourquoi ce compromis particulier, imposé par la direction, entre productivité, salaires et prix ? Henry Ford utilisa les énormes capacités générées par la mise au point de la première ligne d'assemblage automatique pour doubler les salaires, supprimer le turnover, et vendre sa Model T à un prix abordable, même pour un métayer. L'historien Meg Jacobs a démontré que la quête commune de hauts salaires et de prix bas fut au cœur de la politique intérieure américaine tout au long de l'histoire récente des États-Unis. Et quand la politique sociale a penché à gauche, comme lors de la période progressiste, du New Deal ou de la Seconde Guerre mondiale, les intérêts des travailleurs et des consommateurs étaient étroitement alignés les uns sur les autres. Ces derniers percevaient la relation entre les salaires et les prix comme une question publique et politique, et pas simplement comme un diktat imposé par la direction des entreprises ou par l'interaction des forces du marché[63]. Ainsi, jusqu'en 1960, les salaires dans le secteur de la vente au détail représentaient encore un peu plus de 50 % de ceux qui étaient versés aux ouvriers de l'automobile, en grande partie parce que les nouveaux syndicats et les promoteurs du New Deal avaient cherché à homogénéiser les salaires dans toutes les entreprises et tous les secteurs d'activité. Mais en 1983, après une décennie d'érosion des revenus de la classe ouvrière liée à la pression inflationniste, les salaires dans le secteur de la grande distribution étaient tombés à moins d'un tiers de ceux des travailleurs syndiqués dans les usines, et à environ 60 % de ceux des épiciers dans le Nord et dans l'Ouest des États-Unis. Ce sont à peu de choses près les rapports qui continuent de prévaloir aujourd'hui, malgré l'essor considérable de la productivité dans le secteur du discount[64].

De fait, si l'on compare la structure de l'emploi chez Wal-Mart avec celle que les syndicats et la direction ont mis en place chez General Motors dans les jours fastes du milieu du XXe siècle, on constate une mutation radicale des rémunérations, des primes et des valeurs. Les employés de General Motors l'étaient souvent pour la vie, si bien que le turnover au sein de l'entreprise était extrêmement faible : c'étaient les meilleurs emplois que l'on pût trouver ; des emplois qui récompensaient l'expérience et la longévité. Le turnover dans l'industrie automobile était inférieur à 8 % par an, en grande partie parce que l'âge du départ à la retraite était respecté. Par contraste, chez Wal-Mart, le turnover avoisine les 50 % par an, et il est probablement plus élevé encore pour ceux qui sont recrutés en bas de l'échelle des salaires. Chez Kmart, le turnover est sans doute légèrement inférieur, et celui de Costco, qui propose de meilleurs salaires et avantages, est de seulement 24 %[65]. Les travailleurs n'hésitent plus à aller voir ailleurs quand ils perçoivent que leur situation peut y être meilleure.

La question des horaires de travail – la définition précise de ce qu'est une journée de travail – permet de définir l'autre grand contraste opposant la vieille économie industrielle américaine à l'actuelle (et sans doute durable) économie du

« détail ». Depuis le vote du Fair Labor Standards Act (Loi sur l'équité des normes de travail) en 1938, la plupart des Américains considèrent qu'une journée de huit heures et une semaine de 40 heures sont la règle. Les employeurs doivent payer des heures supplémentaires (supérieures de 50 % aux heures normales) à la majorité des travailleurs non cadres quand les heures travaillées excèdent les 40 heures hebdomadaires. Mais la réalité des expériences de travail n'a pas toujours été conforme à cette règle. Les cadres de General Motors et d'autres compagnies où les couvertures sociales sont élevées ont fréquemment insisté sur la nécessité d'allonger les semaines de travail à 48 ou 52 heures pour remplir les objectifs de production. La plupart des ouvriers s'opposent à ces heures supplémentaires obligatoires, mais ni les syndicats ni le gouvernement n'y peuvent grand chose car, du point de vue des employeurs, le coût total de chaque heure supplémentaire est relativement faible. On n'a en effet jamais exigé de General Motors et des autres entreprises où la syndicalisation est forte qu'elles payent des heures supplémentaires sur cette large part de leurs coûts du travail consacrés aux « avantages annexes » pour la santé et la retraite. Mais chez Wal-Mart et chez d'autres entreprises où les avantages sont faibles, les responsables de magasins considèrent presque comme un délit d'accorder aux travailleurs des heures supplémentaires. En pratique, chez le géant de Bentonville, la semaine de 42 heures est considérée comme un emploi à plein temps. Cela donne aux cadres beaucoup de pouvoir et de souplesse pour distribuer les heures « supplémentaires » et optimiser le planning, pour récompenser certains employés ou pour être fin prêt au moment du rush des vacances. Mais les conséquences sociales de cette politique sont profondes : contrairement à General Motors, Wal-Mart ne craint pas de recruter des milliers d'employés chaque année ; ces derniers, évidemment, ne sont guère attachés à leur nouveau job, et des millions d'Américains considèrent aujourd'hui qu'il est nécessaire, et possible, de mener de front deux emplois à temps partiel[66].

General Motors et Wal-Mart ont également établi des hiérarchisations de salaires extraordinairement divergentes. Du temps de la grandeur de General Motors, les surveillants d'usine – des hommes endurcis responsables de deux à trois mille ouvriers – avaient un salaire cinq fois plus élevé que celui de l'employé ordinaire. Chez Wal-Mart, les directeurs régionaux – responsables d'un nombre à peu près équivalent d'employés – ont un salaire plus de dix fois supérieur à celui de l'employé moyen à temps plein. Et bien sûr, l'écart s'accroît considérablement lorsqu'on compare la rémunération versée au PDG à celle des employés : en 1950, le président de General Motors, Charles E. Wilson, qui fut l'un des dirigeants les mieux payés de son époque, gagnait environ 140 fois plus qu'un ouvrier sur une chaîne de montage ; H. Lee Scott, patron de Wal-Mart en 2003, avait des revenus 1 500 fois supérieurs à ceux d'un employé ordinaire à temps plein[67].

Réformer le modèle Wal-Mart

Le combat pour changer le modèle économique de Wal-Mart, et en particulier sa politique du travail, s'inscrit dans une lutte plus large pour démocratiser notre vie économique. En Chine et ailleurs, cela nécessite un changement politique de grande ampleur. Quand des gouvernements autoritaires président à une ère d'appauvrissement massif et continu, il faut s'attendre à une éruption d'une magnitude considérable. La transformation de la Chine en atelier du monde est donc en train d'allumer la mèche qui pourrait bien mener à l'explosion, selon des modalités entrevues pour la première fois à Peterloo en 1819, puis à Lowell en 1912, et à Shanghai même en 1927. Quand cette éruption aura lieu, les ondes de choc obligeront les compagnies comme Wal-Mart à repenser leurs rapports à la chaîne d'approvisionnement trans-pacifique et au *sweatshop* mondial.

Sur le plan national, nous devons avoir pour ambition de revitaliser l'ethos de la démocratie sociale dans le monde du travail et dans la vie et les idées politiques américaines. Le combat n'est pas contre Wal-Mart en particulier, que ce soit pour des raisons esthétiques ou pour la défense des consommateurs, mais contre la pression réactionnaire que la firme a pu exercer sur les salaires et les revenus de tous ceux qui travaillent pour, sont en concurrence avec, ou dépendent de cette nouvelle économie politique centrée sur la grande distribution. Cette route mène à l'action politique, en particulier dans les États des côtes Est et Ouest que Wal-Mart cherche aujourd'hui à marquer de son empreinte. La clameur qui a accueilli la fameuse déclaration de Wilson, le PDG de General Motors, affirmant que ce qui était bon pour la compagnie l'était aussi pour le pays, a généré toute une série de contraintes pour l'entreprise automobile américaine la plus efficace et la plus profitable. General Motors aurait pu pousser Chrysler et Ford à la faillite si elle avait décidé d'étendre ses parts de marché au-delà des 45 % auxquels elle était arrivée dans les années qui ont suivi la Seconde Guerre mondiale. Mais elle aurait eu raison de craindre l'action fédérale antitrust si elle avait choisi de poursuivre une politique des prix aussi ouvertement agressive. Au lieu de cela, General Motors a maintenu un bouclier de prix en dessous duquel ses adversaires de moindre taille ont pu s'abriter et les ouvriers de l'automobile recevoir des salaires plus élevés.

La stratégie concurrentielle de Wal-Mart fut exactement inverse, ce qui, sans surprise, a suscité des réactions indignées de la part des syndicats, des petits commerçants et des associations qui ont perçu sa politique des prix bas comme une menace pour la vitalité de centres-villes qui menaçaient de se vider. Les luttes locales menées en Californie et ailleurs dans les États côtiers américains pourraient bien signaler le début d'une ère dans laquelle le modèle commercial de Wal-Mart sera confronté à une opposition et à des contraintes politiques bien plus importantes. Les plus vives inquiétudes de la compagnie ne viennent pas de la rivalité qui l'oppose à Target et Home Depot, mais des électeurs en colère, des responsables gouvernementaux hostiles et des recours collectifs en justice menés par des avocats aguerris.

Ce n'est pas un cas unique dans l'histoire des États-Unis : des entreprises puissantes ont souvent dû infléchir leur modèle commercial et leur politique du travail, sans pour autant qu'une nouvelle loi ait été votée ou que leurs employés se soient syndiqués. Avant même l'adoption de la loi antitrust, des journalistes d'investigation avaient poussé la Standard Oil de John D. Rockefeller à modifier sa politique des prix prédatrice. De son côté, US Steel fut contrainte d'abandonner les épuisantes journées de travail de 12 heures en 1924 après que le clergé, les réformateurs et le secrétaire au Commerce Herbert Hoover avaient fait pression sur les huiles autocratiques de l'acier qui dirigeaient ce qui était alors la plus grande entreprise américaine. Quant à IBM, elle salaria l'ensemble de ses cols bleus en 1959 pour éviter la syndicalisation à une époque où les organisations du travail semblaient sur le point d'obtenir un salaire annuel garanti pour les ouvriers. Dans la période post-droits civiques, nous avons vu comment les entreprises ont intégré la « diversité » comme principe central des ressources humaines. Et en Chine, en Amérique centrale et ailleurs, des organisations non gouvernementales, souvent soutenues par des étudiants et des syndicalistes aux États-Unis, ont braqué les projecteurs sur la main-d'œuvre des *sweatshops* employée par les entrepreneurs qui fournissent les biens de consommation vendus dans les rayons vêtements et jouets de tant de magasins américains.

Aujourd'hui, Wal-Mart fait face à des problèmes judiciaires sur quantité de fronts, de l'exploitation d'immigrants illégaux à la violation des lois sur le travail des enfants, en passant par la discrimination contre les femmes. S'ils aboutissent, ces procès auront un impact matériel sur les coûts du travail chez Wal-Mart, les amenant à peu près au niveau de ceux de ses rivaux. Peut-être plus important encore, la politique du travail de Wal-Mart est attaquée par une grande variété d'élus, comme par les syndicats et les universitaires ; ces derniers affirment que le fait que la compagnie ait une telle politique salariale n'est possible que parce que les impôts fédéraux et étatiques, les programmes d'assistance sociale et de santé publique subventionnent le niveau de vie des employés de Wal-Mart bien plus que celui des autres travailleurs américains[68]. Des chercheurs de l'université de Berkeley ont ainsi découvert que les salaires pratiqués par Wal-Mart – inférieurs d'environ 31 % à ceux des autres grandes enseignes du secteur – obligeaient des dizaines de milliers d'employés de la compagnie à avoir recours aux programmes publics « safety net[69] », tels que les tickets d'alimentation, l'aide médicale et les allocations logement, pour boucler leurs fins de mois. L'étude estimait que le recours à l'assistance publique par les employés de Wal-Mart en Californie coûtait chaque année près de 86 millions de dollars aux contribuables ; ce coût exorbitant est en partie lié au fait que le montant des aides accordées par la sécurité sociale à leurs familles était environ 40 % plus élevé que celui alloué en moyenne aux familles travaillant pour les autres enseignes. Dans le Connecticut et l'Alabama, les découvertes furent similaires, mais pas aussi dramatiques. En Georgie, les enfants des employés de Wal-Mart étaient de loin ceux qui avaient le plus recours au Peach-Care, le plan d'assistance médicale créé par l'État pour les enfants pauvres[70].

Le défi actuel est donc bien de concentrer cette vague critique dans une large coalition susceptible de commencer à transformer la nature du travail chez Wal-Mart et l'ensemble du modèle économique à partir duquel les géants de la grande distribution sont aujourd'hui en train de restructurer une part si importante de l'économie mondiale. Si les ambitieux plans d'expansion de Wal-Mart sont contrariés, alors la direction pourrait commencer à réaliser qu'une politique de l'emploi basée sur des salaires et des avantages plus élevés pourrait bien être le seul moyen d'échapper à cette pression populaire. Et quand les travailleurs de Wal-Mart verront qu'ils peuvent envisager de passer plus d'une année dans l'entreprise, alors ils seront beaucoup plus disposés à prendre en considération l'idée syndicale consistant à donner à sa vie professionnelle une dignité démocratique et à obtenir des salaires décents.

Notes

1. Ou, comme Jerry Useem du magazine *Fortune* l'a dit juste avant l'entrée en guerre en Irak, « en 2003, Wal-Mart ressemble beaucoup à l'Amérique de 2003 : une superpuissance sans rival avec un accent du Sud. Comme avec l'Oncle Sam, la position de chacun dans le monde sera largement définie par la relation qu'il ou elle entretient avec Mr Sam (Walton). Est-ce que votre société est un "concurrent stratégique", comme la Chine, ou un "partenaire", comme le Royaume-Uni ? Est-ce un État-client, comme Israël, ou un État fournissant la concurrence, comme le Yémen ? Est-ce la France, qui profite de ce superpouvoir, tout en ne cessant de s'en plaindre ? Ou bien est-ce… disons, un magasin Target ? Vous pouvez être admiratif de cette superpuissance ou vous en indigner, ou – plus vraisemblablement – les deux. Mais vous ne pouvez pas faire comme si elle n'existait pas ». Jerry Useem, « One Nation Under Wal-Mart », *Fortune*, 2 mars 2003, p. 66.

2. NdT : Les bénéfices s'élèvent, eux, à 11,2 milliards de dollars.

3. Nicholas Stein, « America's Most Admired Companies », *Fortune*, 3 mars 2003, p. 81.

4. NdT : Ce sont les principales enseignes de grande distribution concurrentes de Wal-Mart.

5. NdT : Dont 1,2 million aux États-Unis.

6. Pankaj Ghemawat, Ken Mark, Stephen Bradley, « Wal-Mart Stores in 2003 », Harvard Business School Case Study, déposé le 30 janvier 2004, 9-704-430.

7. Andy Serwer, « The Waltons: Inside America's Richest Family », *Fortune*, 15 novembre 2004, p. 86.

8. L'offensive de Wal-Mart en termes de relations publiques n'a pas simplement visé une audience de consommateurs potentiels, mais elle a également cherché à influencer les libéraux et les intellectuels. Ainsi la compagnie est-elle devenue sponsor de la National Public Radio, et a-t-elle publié en avril 2005 une lettre ouverte aux lecteurs de la *New York Review of Books*, « Wal-Mart's Impact on Society: A Key

Moment in Time for American Capitalism » (« L'impact de Wal-Mart sur la société : un moment historique pour le capitalisme américain »).

9. L'exemple de ces femmes est cité dans l'article d'Abigail Goldman et Nancy Cleeland, « The Wal-Mart Effect: An Empire Built on Bargains Remakes the Working World », *Los Angeles Times*, 23 novembre 2003, p. A1.

10. Abigail Goldman, « Sweat, Fear and Resignation Amid All the Toys », *Los Angeles Times*, 26 novembre 2004, p. A1.

11. « Wal-Mart Mgr. Wife », 7 décembre 2002 ; voir www.walmartwatch.com.

12. Joseph A. Schumpeter, *Capitalisme, Socialisme et Démocratie* (New York, 1942 ; 1re trad. française 1954 ; rééd. Payot, 1990).

13. Sara Lin et Monte Morin, « Voters in Inglewood Turn Away Wal-Mart », *Los Angeles Times*, 7 avril 2004, p. A1 ; Jessica Gamison, « Battles over Mega-Stores May Shift to New Studies; Law Requiring Economic Impact Reports Could Set the Stage for Skirmishes Across Los Angeles », *Los Angeles Times*, 12 août 2004, p. C1.

14. Michael Hiltzik, « Election 2004: Look at the Initiatives Money Can Buy », *Los Angeles Times*, 4 novembre 2004.

15. NdT : Créé en 1992 par l'État de Californie, l'Impact Fund a pour mission d'aider les avocats à représenter les intérêts publics dans les affaires de droits civiques, de pauvreté et d'environnement.

16. NdT : Les *maquiladoras* sont des usines qui ont vu le jour en 1965 au Mexique, dans les zones frontalières avec les États-Unis. Mises en place par le gouvernement mexicain de gauche de Gustavo Díaz Ordaz par l'entremise d'un programme d'industrialisation de la frontière, elles fabriquent entre autres des vêtements, du matériel électronique, des pièces automobiles... Elles bénéficient d'une exonération des droits de douane pour pouvoir produire à un moindre coût des marchandises assemblées, transformées, réparées ou élaborées à partir de composants importés ; la majeure partie de ces marchandises est ensuite exportée.

17. Richard Appelbaum, « Fighting Sweatshops: The Changing Terrain of Global Apparel Production », in *Critical Globalization Studies*, Richard Appelbaum et William Robinson (dir.), Routledge, New York, 2004, pp. 120-140.

18. Cité dans Thomas Frank, *Le Marché de droit divin. Capitalisme sauvage et populisme de marché*, trad. française Frédéric Cotton, Agone, Marseille, 2003.

19. Bob Evans, « Two Giants Toss Outsourcing Out », *Information Week*, 20 septembre 2004, p. 178.

20. Bob Ortega, *In Sam We Trust: The Untold Story of Sam Walton and How Wal-Mart is Devouring America*, Random House, New York, 1998, pp. 130, 131-133.

21. Edna Bonacich, « Wal-Mart in Mexico: The Limits of Growth » in *Wal-Mart: The Face of Twenty-First Century Capitalism*, Nelson Lichtenstein (dir.), The New Press, New York, 2006.

22. Richard Appelbaum, « The Emergence of Giant Transnational Contractors in Asia: A Fundamental Change in Global Supply Chains », non publié, Pacific Rim Research Program, University of California, janvier 2005.

23. Jerry Useem, *op. cit.*, pp. 64-70 ; voir aussi Charles Fishman, « The Wal-Mart You Don't Know », *Fast Company*, vol. 77, décembre 2003, pp. 68-76.

24. « Wal-Mart, P&G Link Up for Efficiency », *Saint Louis-Post Dispatch*, 14 février 1989, p. 12B ; Constance Hays, « What's Behind the Procter Deal? Wal-Mart », *New York Times*, 29 janvier 2005, p. C1 ; Davidowitz cité dans l'article de Jeremy Grant et Dan Roberts, « P&G Looks to Gain Strenght Through Unity », *Financial Times*, 31 janvier 2005, p. 25.

25. Brooks Blevins, *Hill Folks: A History of Arkansas Ozarkers and Their Image*, University of North Carolina Press, Chapel Hill, 2002, pp. 147-178 ; Ben Johnson, *Arkansas in Modern America, 1930-1999*, University of Arkansas Press, Fayetteville, 2000, pp. 200-202.

26. Bob Ortega, *op. cit.*, pp. 86-90 ; voir aussi le livre partial mais révélateur de Sandra Vance et Roy Scott, *Wal-Mart: A History of Sam Walton's Retail Phenomenon*, Twayne Publishers, New York, 1994, pp. 44-47.

27. NdT : Les *sweatshops* sont des ateliers d'usine, principalement situés dans des pays qui fournissent de la main-d'œuvre bon marché aux entreprises ayant délocalisé leur production, où les travailleurs sont exploités et où les conditions de travail – horaires, installations, autoritarisme... – sont particulièrement exécrables.

28. Bob Ortega, *op. cit.*, pp. 143-144.

29. Information trouvée sur www.opensecrets.org, qui donne les noms, les employeurs et les montants des contributions politiques pour chaque code postal. En 1992, les Walton et d'autres dirigeants de Wal-Mart ont massivement contribué à la campagne de Bill Clinton. Cependant, les affinités de Wal-Mart avec les Républicains et leur politique en ce début de XXIe siècle sont détaillées dans Jeanne Cummings, *art. cit.*, *Wall Street Journal*, 24 mars 2004, p. A1.

30. NdT : Les Ozarks sont une région accidentée sur un plateau d'environ 122 000 km^2. Ils sont à cheval sur les États du Missouri, de l'Arkansas, de l'Oklahoma et du Kansas, entre les rivières Arkansas et Missouri.

31. Mary Jo Schneider, « The Wal-Mart Annual Meeting: From Small-Town America to a Global Corporate Culture », *Human Organization*, vol. 57, n° 3, 1998, p. 295.

32. NdT : Qu'on peut traduire littéralement par « département des gens ».

33. Don Soderquist, *The Wal-Mart Way*, Thomas Nelson, Inc., Nashville, 2005, pp. 59-60.

34. Mary Jo Schneider, *art. cit.*, p. 295.

35. Wal-Mart Stores, *2005 Annual Report*, p. 17.

36. Mary Jo Schneider, *art. cit.*, p. 294.

37. Don Soderquist, *op. cit.*, p. 45.

38. Sam Walton et John Huey, *Sam Walton: Made in America, My Story*, Doubleday, New York, 1992, pp. 161-182.

39. NdT : Hilary Hinton « Zig » Ziglar (né en novembre 1926) est écrivain, vendeur et orateur professionnel. Son dernier livre, paru en 2007, est *God's Way Is Still the Best Way (La voie de Dieu est toujours la meilleure).* Il est aussi chrétien évangéliste.

40. David Chidester, *Authentic Fakes: Religion and American Popular Culture*, University of California Press, Berkeley, 2005 ; Kimon Sargeant, *Seeker Churches: Promoting Traditional Religion in a Nontraditional Way*, Rutgers University Press, New Brunswick, 2000 ; Christian Smith, *American Evangelicalism: Embattled and Thriving*, University of Chicago Press, 1998 ; Zig Ziglar, *Secrets of Closing the Sale*, Fleming H. Revell Company, Grand Rapids, 2003.

41. Wal-Mart Stores, *Sam's Associates Handbook*, n° 3, Food and Service Trades Department, AFL-CIO.

42. Jack Kahl, *Leading from the Heart: Choosing to be a Servant Leader*, Greenleaf Book Group, Austin, 2004, pp. 107-109. Pendant de nombreuses années, Kahl fut le propriétaire et le PDG de Manco, qui fournissait Wal-Mart en « duct tape » (sorte d'adhésif très résistant qui a beaucoup servi dans l'armée américaine).

43. NdT : Organe de la presse professionnelle spécialisé dans la distribution de produits discount.

44. Mike Troy, « Scott, Coughlin Set to Lead Wal-Mart », *Discount Store News*, vol. 38, n° 2, 25 janvier 1999, p. 48. Voir également James A. Autry, *The Servant Leader: How to Build a Creative Team, Develop Great Morale, and Improve Bottom-Line Performance*, Three Rivers Press, New York, 2001. Robert K. Greenleaf, vieux consultant en management, inventa l'expression « *servant leader* » en 1970, mais celle-ci a été ensuite massivement investie d'une connotation chrétienne. Voir notamment Ken Blanchard, *The Servant Leader*, J. Countryman, Nashville, 2003.

45. Thomas O. Graff et Dub Ashton, « Spatial Diffusion of Wal-Mart: Contagious and Reverse Hierarchical Elements », *Professional Geographer*, vol. 46, février 1994, pp. 19-29 ; « About Wal-Mart: Senior Officers », sur www.walmartstores.com.

46. Brent Schlender, « Wal-Mart's $228 Billion Meeting », *Fortune*, 18 avril 2005, p. 97.

47. Jon Lehman, entretien téléphonique avec l'auteur, 7 juin 2005 ; voir aussi l'essai de Brad Seligman, « Patriarchy at the Checkout Counter: The Dukes v. Wal-Mart Stores, Inc., Class Action Suit », in *Wal-Mart: The Face of Twenty-First Century Capitalism, op. cit.*

48. NdT : Le Master of Business Administration est une formation internationalement reconnue dans le domaine des affaires : stratégie, marketing, finances, ressources humaines et management.

49. Michael Bergdahl, *What I Learned from Sam Walton: How to Compete and Thrive in a Wal-Mart World*, John Wiley & Sons, Hoboken, 2004, pp. 150-152 ; Carol Hymowitz, « Program Puts Students on the Leadership Path », *Wall Street Journal Online*, 15 janvier 2003. Excepté lorsque c'est précisé, toutes les informations sur le SIFE viennent de leur site Internet, www.sife.org.

50. Voir www.walmartstores.com. Jack Shewmaker et Tom Coughlin sont deux des hauts dirigeants de Wal-Mart à avoir fait partie du conseil d'administration du SIFE.

51. John Kerr, « Pass It On », *Inc. Magazine*, décembre 1995 ; Curtis DeBerg, entretien téléphonique avec l'auteur, 1er juin 2005 ; l'information sur le développement du SIFE a été recueillie sur le site Internet de l'organisation. Bien que Wal-Mart veille à entretenir avec ses acheteurs et ses vendeurs des relations extrêmement formelles à Bentonville, le SIFE organise des réunions bien moins conventionnelles. En effet, les contributions si volontiers versées par les vendeurs Wal-Mart du SIFE peuvent être considérées comme autant de gages de bonne volonté qui pourraient par la suite s'avérer rémunérateurs.

52. NdT : Le titre fait référence au livre de Charles Dickens *A Tale of Two Cities*, dont l'histoire se passe à Paris et Londres, avant et pendant la Révolution française.

53. Corporate Watch UK, « ASDA/Wal-Mart: A Corporate Profile » sur www.corporatewatch.org.uk.

54. George Monbiot, « Economic Cleansing », *Guardian*, 17 juin 1999.

55. Andreas Knorr et Andreas Arndt, « Why Did Wal-Mart Failed in Germany (So Far)? », article non publié, disponible à l'Institut d'économie mondiale et de management international de l'université de Brême.

56. « Wal-Mart's Impact on Society… », *art. cit.*

57. Les femmes, les enfants et les citoyens les plus âgés ont constitué l'essentiel de la main-d'œuvre dans nombre de secteurs d'activité, dont la vente de textile, le traitement alimentaire, l'enseignement secondaire et les anciens grands magasins ; mais ces secteurs d'activité n'ont jamais généré d'entreprise qui soit devenue emblématique de l'économie politique américaine.

58. Les chiffres montrant la part que représente le chiffre d'affaires de Wal-Mart dans le PIB américain sont issus de Jerry Useem, *op. cit.* Par comparaison, le volume des ventes de US Steel représentait 2,8 % du PIB en 1917 ; celui d'A & P atteignait 1,5 % en 1932 ; et celui de Sears à peine 1 % en 1983.

59. Est-ce que comparer Wal-Mart et General Motors revient à comparer des pommes et des oranges, un détaillant et un industriel ? En réalité, ces différences sont plus apparentes qu'elles n'existent effectivement. General Motors a fabriqué énormément de voitures, mais son système de franchises, qui a toujours été géré avec minutie, en a vendu des millions, et sa filiale GMAC, qui lui appartenait intégralement, les a financées, et fit parfois autant de profit que la branche production de la compagnie. De son côté, Wal-Mart a bien commencé comme détaillant, mais, comme ce livre cherche à le démontrer, les relations toujours plus étroites l'unissant à ses fournisseurs la transforment de facto en

fabricant. Chez General Motors, la branche fabrication de l'entreprise n'a cessé de faire pression sur les vendeurs de voitures ; chez Wal-Mart, la partie ventes s'agite au niveau de la fabrication, mais il se pourrait bien qu'au final cela n'ait pas plus d'importance que cela.

60. Pour une histoire de General Motors, se reporter à Nelson Lichtenstein, *Walter Reuther: The Most Dangerous Man in Detroit*, University of Illinois Press, Urbana, 1997, pp. 228-247 et 278-291 ; pour une analyse de l'augmentation des revenus réels, voir Lichtenstein, *State of the Union: A Century of American Labor*, Princeton University Press, Princeton, 2002, pp. 130-140.

61. E. Bruce Geelhoad, « Charles Erwin Wilson », *The Automobile Industry, 1920-1980*, George S. May (dir.), Facts on File, New York, 1989, p. 483.

62. « Wal-Mart and California: A Key Moment in Time for American Capitalism », discours de Lee Scott, PDG de Wal-Mart Stores, Inc., à la mairie de Los Angeles, 23 février 2005 (disponible sur www.walmart-facts.com) ; Bradford C. Johnson, « Retail: The Wal-Mart Effect », *McKinsey Quarterly*, vol. 1, 2002, pp. 40-43.

63. Meg Jacobs, *Pocketbook Politics: Economic Citizenship in Twentieth-Century America*, Princeton University Press, Princeton, 2004, pp. 1-11.

64. Département américain du Travail, *Handbook of Labor Statistics*, Bulletin 2217, Washington DC, 1984, pp. 201-203.

65. Ann Zimmerman, *art. cit.*

66. Beth Shulman, *The Betrayal of Work: How Low Wages Jobs Fail 30 Million Americans and Their Families*, The New Press, New York, 2003 ; Eileen Appelbaum, Annette Benhardt et Richard Murmane (dir.), *Low-Wage American: How Employers Are Reshaping Opportunity in the Workplace*, Russel Sage Foundation, New York, 2003.

67. Les informations concernant les directeurs régionaux sont tirées de Brad Seligman, « Patriarchy at the Checkout Counter... », *op. cit.* ; le montant total de l'indemnisation de H. Lee Scott, évaluée à 28 963 872 dollars (en 2003), apparaissait dans l'étude de Pankaj Ghemawat et de

ses associés, *op. cit.* J'ai moi-même estimé le salaire d'une caissière de Wal-Mart en 2003 à 15 000 dollars, ce qui est sans doute trop généreux. En 1950, Charles Wilson gagnait environ 500 000 dollars par an, un travailleur dans l'automobile environ 3 500 dollars.

68. AFL-CIO, « Wal-Mart: An Example of Why Workers Remain Uninsured and Underinsured », octobre 2003, article non publié.

69. NdT : Ensemble de mesures d'assistance mises en place par l'État.

70. Arindrajit Dube et Ken Jacobs, « The Hidden Cost of Wal-Mart Jobs: Use of Safety Net Programs by Wal-Mart Workers in California », Centre d'études du travail, UC Berkeley, Briefing Paper Series, 2 août 2004 ; Andy Miller, « Wal-Mart Stands Out on Rolls of PeachCare », *Atlanta Constitution*, 27 février 2004, p. 1B ; Michele Jacklin, « Wal-Mart Passes Insurance Costs to Taxpayers », *Hartford Courant*, 9 mars 2005, p. 1.

De Woolworth à Wal-Mart : la marchandisation de masse et l'aventure de la culture consumériste

Susan Strasser

« Sans main-d'œuvre bon marché, pas de produits bon marché », écrivait Frank W. Woolworth à ses responsables de magasin en 1892, alors que son affaire en était encore à ses balbutiements et que nombre de ses cadres n'étaient pas des employés, mais de vieux amis et conseillers, associés à part entière présidant aux destinées des magasins de la compagnie. Et il poursuivait : « Quand une vendeuse devient bonne au point de pouvoir prétendre à un meilleur salaire ailleurs, laissez-la partir ; il n'est pas nécessaire d'être habile et expérimenté pour vendre nos produits. Vous pouvez trouver de bonnes et honnêtes filles à deux ou trois dollars la semaine ; et je ne donnerais pas trois dollars cinquante [...] Certains d'entre vous trouvent sans doute dur que nous offrions de si petits salaires, mais [...] une chose est certaine : nous ne pouvons pas nous permettre de payer de bons salaires si nous voulons continuer à vendre nos produits comme nous le faisons actuellement. Nos vendeuses devraient le savoir[1]. »

Wal-Mart n'a donc pas été le premier à faire reposer en partie les prix de vente sur la masse salariale. Frank Woolworth l'avait compris d'emblée : la marchandisation de masse dépend du sacrifice des travailleurs sur l'autel des bas prix. De même, Wal-Mart n'est pas la première enseigne de grande distribution à avoir à ce point étendu sa domination sur ce secteur : on pourrait en dire tout autant de certains de ses prédécesseurs, dont Sears Roebuck (le géant de la vente par correspondance), la chaîne d'alimentation A & P, ou encore Woolworth. Tout comme Wal-Mart, les inventeurs de la marchandisation de masse – les grandes surfaces, les chaînes de magasins et les sociétés de vente par correspondance de la fin du XIXe et du début du XXe siècles – ont subtilisé aux petits commerces de proximité les clients qui les avaient pourtant fréquentés leur vie durant. Comme Wal-Mart, les entreprises qui ont connu la réussite au cours des 50 premières années de la marchandisation de masse ont fait naître une résistance parce qu'elles menaçaient les épiceries locales et les petits commerçants, aussi bien que les grossistes et les grandes entreprises industrielles régionales et nationales. Même le fait de charger une personne d'accueillir les clients à l'entrée des magasins Wal-Mart n'a rien d'une nouveauté : le manuel d'instruction interne de la chaîne de pharmacies Riker-Hegeman, qui comptait 105 magasins à New York en 1914, suggérait aux directeurs de magasin de se tenir à l'entrée pour accueillir les nouveaux clients. En d'autres termes, si l'on cherche à mieux comprendre le phénomène Wal-Mart, il faut l'envisager comme un exemple particulièrement éclatant de réussite des principes de la marchandisation de masse ; c'est-à-dire de modèles existant depuis plus d'un siècle. Pour autant, ce mastodonte moderne diffère de ses prédécesseurs sur un certain nombre d'aspects cruciaux, également essentiels pour comprendre quelle est sa véritable nature[2].

Le contrôle des dépenses était fondamental pour Frank Woolworth, dont le modèle économique reposait sur des prix uniques. Comme dans les magasins à un dollar d'aujourd'hui, tout dans ses magasins à « 5 cents » (qui deviendraient des « 5 & 10 Cent Stores ») était vendu pour un nickel ; il n'y avait donc pour lui aucun moyen de compenser une augmentation des dépenses par une hausse des prix. L'économie consumériste balbutiante des années 1890 ne permettait pas aux autres détaillants de bénéficier des liquidations, articles de second choix ou invendus dont profitaient les magasins à prix uniques, bien que les fabricants aient sans aucun doute cherché à faire autant de profit qu'il leur était possible en vendant leurs surplus.

La stratégie de Woolworth pour maintenir sa politique de prix reposait sur la recherche et la promotion de marchandises bon marché – épingles à nourrice, peignes, balais, tous ces produits du quotidien disponibles depuis peu grâce à la mécanisation et l'industrialisation croissantes de l'économie. Les prix extrêmement bas pratiqués par les grossistes lors de la grande dépression de 1893 lui permirent de proposer de nouveaux produits, comme des objets en cuir. Dès lors, une pièce de 5 ou 10 cents permettait d'acheter une ceinture ou un portefeuille, du produit d'entretien pour les fours, des barrettes, ou des aiguilles à tricoter. Tout le monde pouvait se servir de ces produits, et la plupart des gens pouvaient se les payer. En construisant des grands magasins en centre-ville, Woolworth a pris une autre dimension : la société était désormais capable d'offrir ses services à une large part des travailleurs urbains et aux banlieusards venus faire leur shopping dans le centre. En 1924, lorsque Woolworth est devenue l'un des deux premiers grands détaillants à rejoindre la liste des entreprises cotées en bourse, elle possédait 1 356 magasins[3].

Des hommes comme Frank Woolworth, Richard Sears (le gourou de l'autre grande entreprise de distribution entrée au Dow Jones) ou John Hartford, de la chaîne d'alimentation A & P, furent des pionniers de la marchandisation de masse. Durant les dernières décennies du XIXe siècle et les premières décennies du XXe, ils mirent au point des méthodes innovantes capables de traiter l'afflux énorme de marchandises déversées par la mécanisation des nouvelles chaînes de production et d'organiser la distribution à travers tout un continent, entre des milliers de fabricants d'un côté et des millions de consommateurs de l'autre. Alors que l'industrie représentait une part de plus en plus importante de l'économie américaine, les systèmes d'organisation modernes et les nouvelles technologies appliquées à la production et la distribution transformaient l'industrie elle-même. Des produits uniformisés, standardisés et onéreux étaient fabriqués dans des usines largement automatisées – nombre d'entre elles s'étant organisées selon les préceptes édictés par Frederick Winslow Taylor et Henry Ford – avant d'être distribués par de grosses compagnies sur de larges parties du territoire. Dans ces entreprises, les prises de décision étaient dictées par le marketing plus que par la production. Ceux qui les dirigeaient apprenaient alors de la publicité, en plein développement, qu'ils pouvaient faire plus d'argent en créant de la demande, plutôt qu'en se contentant de fabriquer des objets qu'ils essaieraient ensuite de distribuer[4].

Par ailleurs, le marché était en pleine expansion pour des raisons démographiques : l'augmentation de la population (liée en grande partie à l'immigration), l'urbanisation et la baisse du nombre d'enfants par famille. À elles seules, ces tendances pouvaient expliquer la croissance substantielle du marché des biens de consommation. Pour le dire simplement, plus la population et les ménages étaient nombreux, plus la demande pour les produits domestiques augmentait, et moins les habitants des villes avaient de temps et d'espace à consacrer à la production ménagère. Les effets économiques de ces changements démographiques étaient combinés à une hausse générale des revenus, à l'essor des exigences et des niveaux de vie promus par les nouveaux produits et le développement de la publicité, et au triomphe de la culture de la consommation.

De plus en plus, les besoins des Américains étaient satisfaits par le marché. Il s'agissait, littéralement, du passage à une culture de la consommation, au sens anthropologique du terme. Les habitudes quotidiennes impliquaient de moins faire soi-même et d'acheter davantage, alors que le shopping et la planification des dépenses prenaient une place de plus en plus importante, liée aussi bien aux activités ménagères qu'au divertissement. Les usines se mirent à fabriquer en masse ce qui autrefois était fait à la maison. De nouvelles catégories de l'activité humaine se transformèrent en marchandises, la culture populaire fut commercialisée et l'expérience devint quelque chose qu'il fallait acheter. Les jeunes empruntaient ces nouveaux chemins avant les vieux, et les riches plus vite que les pauvres, mais cette nouvelle culture finit par englober la société tout entière. Même les familles ouvrières pauvres et urbanisées, qui avaient peu d'espace pour leurs jardins et insuffisamment de temps pour la fabrication d'objets artisanaux, rejoignirent le florissant marché des biens manufacturés ; et les habitants des régions rurales les plus reculées se mirent à faire leurs courses via les catalogues de vente par correspondance de Sears et de Montgomery Ward.

Alors que l'activité productrice quittait les salons des ménages et les boutiques des artisans, le marché sans cesse grandissant des biens de consommation n'était déjà plus une abstraction économique. De nouveaux produits fabriqués par de nouvelles compagnies – de nouveaux types de produits fabriqués par de nouveaux types de compagnies – arrivèrent dans ces boutiques et s'insinuèrent jusque dans les maisons et les habitudes quotidiennes des gens. Les plats préparés, les vêtements prêts-à-porter, le mobilier et les ustensiles fabriqués en usine modifièrent la texture du quotidien. Ils remplacèrent les divers expédients qui assuraient jusque-là la subsistance de la plupart des gens et commencèrent à se substituer à l'énorme travail de production et de maintenance autrefois assuré par les femmes au foyer et les domestiques. Les câbles électriques et téléphoniques, les canalisations d'eau et de gaz relièrent littéralement la sphère privée à l'espace public. Les nouvelles technologies rendirent les anciennes obsolètes, à la manière de l'éclairage électrique qui remplaça la lampe à huile. Les Américains, quelle que fût leur classe sociale, commencèrent à utiliser des produits qui n'avaient jusqu'alors jamais été fabriqués, ni chez eux, ni chez les artisans : du dentifrice, des corn-flakes, des rasoirs mécaniques ou des appareils photographiques. Tout cela fournissait la base matérielle de nouvelles habitudes et se présentait comme la manifestation physique d'une rupture authentique d'avec le temps d'avant.

Les fondations de cette transformation avaient été préalablement posées au cours d'une longue période de changement. Nés avec la révolution industrielle du textile, les nouveaux produits arrivèrent dans les villes avant de pénétrer dans les campagnes, et les riches tirèrent de la croissance économique davantage de bénéfices que les pauvres. Mais, en ville comme à la campagne, le développement économique avait introduit une proportion toujours plus grande d'Américains dans l'économie monétaire. Puis les cycles économiques amenèrent régulièrement des dépressions, chacune plus grave que la précédente ; dans le même temps, davantage de gens devinrent dépendants de salaires et de produits manufacturés, et l'activité économique se déploya de plus en plus dans le commerce à distance.

Aussi longtemps que la production resta largement locale et à petite échelle, la distribution put être effectuée par les magasins d'alimentation générale en milieu rural, par les magasins spécialisés en ville (épiceries, merceries, quincailleries ou marchands de chaussures) et par les grossistes qui fournissaient ces détaillants. Dans cette configuration, c'étaient les grandes entreprises de commerce de gros qui détenaient le pouvoir. Elles recevaient les propositions de fabricants pour du savon sans marque ou des clous bon marché, et décidaient quoi et en quelle quantité proposer à leurs clients. Les représentants commerciaux des grossistes arpentaient tout le pays grâce au chemin de fer ; ils rendaient visite au petit épicier du coin, au quincaillier de la grande rue du village et au patron de l'épicerie générale, leur proposant – et à travers eux, aux clients – des milliers de nouveaux produits. Finalement, les flux croissants de marchandises sortant des usines à grosse capacité de production pour gagner les cuisines et les salons des particuliers, ainsi que les nouvelles techniques de publicité, de branding[5], de marketing et de ventes qui se sont développées pour gérer ces flux, engendrèrent de nouvelles institutions de détail et de commerce de gros qui prirent suffisamment d'ampleur pour surclasser les anciennes.

Initié dans les années 1880, le branding modifia les rapports de force dans la chaîne de distribution. Il offrit aux industriels un nouveau moyen de contrôle en leur permettant d'entretenir des liens directs avec les consommateurs. Auparavant, les grossistes faisaient une offre au fabricant, pour du savon blanc par exemple, et devaient en assurer eux-mêmes la promotion auprès des détaillants, qui à leur tour le vendaient à leurs clients. Mais quand consommateurs et revendeurs ont commencé à demander de l'Ivory[6], produit que seul Procter and Gamble pouvait alors fournir, les grossistes furent contraints de se fournir auprès de cette seule compagnie. Dès lors que les industriels réussirent à convaincre les clients de faire confiance aux publicités plutôt qu'aux revendeurs, le branding leur offrit un marché plus prévisible et contrôlable, les protégeant de la compétition et de la fluctuation des prix. Dès 1910, nombre de marques nationales aujourd'hui familières – Ivory, Kellog's, Colgate,

Singer, Heinz, Kodak, Wrigley's et bien d'autres – étaient établies dans l'inconscient collectif des consommateurs américains[7].

Les produits standardisés et marchandisés finirent par représenter et incarner les nouveaux réseaux et systèmes de la production industrielle et de la distribution de masse, les relations sociales qui amenaient aux gens les choses qu'ils utilisaient. Autrefois *clients* – achetant les objets du quotidien à des artisans et des commerçants, figures familières des réseaux relationnels implantés dans les villages, les petites villes ou les quartiers des grandes agglomérations – les Américains se transformèrent en *consommateurs*. En achetant et en utilisant des produits industriels, ils participaient à un réseau de distribution complexe, un marché global en expansion qui encourageait les relations entre les individus et les grosses entreprises centralisées. Ils recevaient les informations sur les produits non pas de ceux qui les fabriquaient ou les vendaient, mais via des publicités créées par des spécialistes en persuasion. Ces changements accéléraient des évolutions qui avaient profondément affecté le mode de vie américain au moment où éclatait la crise économique de 1929.

C'est au cours de ces décennies de changement culturel que les spécialistes de la marchandisation de masse – grands magasins, sociétés de vente par correspondance, chaînes de magasins et supermarchés – développèrent les nombreuses, et particulièrement efficaces, méthodes opérationnelles dont Sam Walton devait hériter en 1945, lorsqu'il ouvrit son premier magasin sous franchise à prix unique Ben Franklin. Ces méthodes reposaient sur quelques principes fondamentaux : des prix fixes, des stocks tournant rapidement, des frais généraux et des marges peu élevés – principes qui sont au cœur du marketing de masse.

Les grands magasins, premiers spécialistes de la marchandisation de masse

Historiquement, le premier principe du marketing de masse à se développer fut la fixation des prix – règle aujourd'hui considérée comme allant de soi, mais doctrine essentielle pour les employeurs recourant à une main-d'œuvre bon marché. Plus personne ne chercha à troquer ou à marchander avec Sears ou Woolworth, alors que les détaillants ou les épiciers du XIXe siècle échangeaient fréquemment bouilloires, paquets d'épingles, réveils et autres produits manufacturés contre des œufs, des peaux, des herbes médicinales, et autres produits cultivés ou naturels, ou contre des matériaux recyclables. À la campagne, les magasins d'alimentation générale continuèrent à faire du troc pendant une bonne partie du XXe siècle ; en 1919, selon une étude d'Harvard, 87 % d'entre eux continuaient d'échanger de l'argent, des marchandises ou des crédits contre des produits agricoles, en particulier du beurre et du lait. Dans les centres-villes d'avant la Guerre civile, et dans les quartiers de migrants jusqu'à la fin du XIXe siècle, c'étaient plutôt les prix qui étaient négociés ; les commerçants marquaient leurs produits avec des codes secrets pour se rappeler combien ils les avaient eux-mêmes achetés pendant qu'ils marchandaient, le plus souvent avec des clients qui avaient appris à négocier sur les marchés européens[8].

Cependant, la négociation et le troc ne pouvaient être confiés qu'aux employés les plus dignes de confiance. « La vieille politique du troc et du marchandage » dans les magasins à l'ancienne, écrivait le professeur de marketing Paul

Nystrom en 1915, « nécessitait d'avoir des vendeurs très expérimentés pour s'occuper des clients ». A. T. Stewart, propriétaire d'un immense magasin de tissus et d'articles de mercerie à New York, « le mieux achalandé de toute la ville », fut l'un des premiers détaillants à instaurer des prix fixes, peut-être dès avant 1846, lorsqu'il ouvrit son premier « Marble Palace », magasin de quatre étages sur Broadway et Chambers Street. Stewart était parfaitement clair lorsqu'il évoquait la relation entre prix fixes et main-d'œuvre bon marché : « Aucun d'entre eux n'est maître de ce qu'il fait », affirmait-il à propos des milliers de vendeurs employés dans le magasin qu'il venait d'ouvrir sur la 9e rue et Broadway en 1862 ; « ce sont de simples machines travaillant dans un système qui détermine toutes leurs actions[9]. »

L'établissement de Stewart, qui servait des dizaines de milliers de clients par jour au cours des années 1860, a quelquefois été décrit comme le premier grand magasin. Il s'agissait plus précisément d'un magasin de tissu et de mercerie aux allures de grand magasin, dont la marchandise et les vendeurs étaient répartis en rayons où l'on ne trouvait que du textile et des vêtements. Durant les années 1860 et 1870, d'autres grands magasins spécialisés se transformèrent en de véritables grandes surfaces, aux États-Unis comme en Europe. Rowland H. Macy, par exemple, commença à vendre autre chose que du tissu et des boutons autour de 1860. En 1877, les 24 rayons de son magasin proposaient de la porcelaine, des jouets, des meubles, des fleurs ou des livres, parmi de nombreux autres produits[10].

Pour Macy, comme pour Stewart avant lui et pour les nombreux responsables de grands magasins qui l'ont suivi, la répartition en rayons offrait une structure adaptée à la formation de vendeurs et de négociants spécialisés, ainsi qu'à la mise en place d'un système comptable sophistiqué.

En plaçant différents types de marchandises dans différents rayons, les commerçants pouvaient mesurer la part de chaque rayon, et même de chaque marchandise, dans le chiffre d'affaires général, et ainsi abandonner certains produits ou lignes de produits non rentables. Le rayonnage permit aussi aux cadres de mieux comparer les performances des employés, en les évaluant grâce à la mise au point d'outils statistiques.

Macy's et les autres grands magasins implantés dans les grandes villes, écrit l'historien Neil Harris, représentaient « la rencontre de masse – dramatique, persuasive, conçue pour produire le maximum d'effet – avec l'art et les objets du monde moderne ». Pour les clientes aisées, ces magasins offraient une qualité de services, un niveau de luxe et d'excitation qui ont incité les historiens à les décrire comme des « mondes de rêve » ou des « temples de la consommation ». Les grands magasins déplaçaient les foules, avec leurs étalages, leurs miroirs, leurs éclairages électriques et leurs couleurs censés générer une atmosphère festive. Au tournant du XXe siècle, ils proposèrent aux clients toute une batterie de services jusqu'alors jamais offerts, même par les plus pointus des magasins spécialisés : restaurants, salles de déjeuner et autres salons de thé ; téléphones publics, accès aux services des postes et télégraphes ; salons de beauté, garde des enfants, premiers soins ou objets trouvés. Certains grands magasins proposaient des concerts, d'autres parrainaient des lectures et des pièces de théâtre, d'autres encore hébergeaient des antennes de bibliothèques. Le téléphone et les services de livraison rendirent possible l'extension de ce monde de rêve jusque chez les clients eux-mêmes. En 1907, le grand magasin de Philadelphie Wanamaker's prenait des commandes 24 h sur 24[11].

Moins de choses ont été écrites sur la « *shawl trade* », ces « coins des affaires » où se fournissaient les migrants pour des sommes modiques, et dans lesquels se trouvent plus certainement les authentiques prédécesseurs de Wal-Mart. Marshall Field's inaugura le premier de ces espaces commerciaux en 1879 ; l'enseigne Filene's de Boston en fit le cœur de son activité en ouvrant son premier *basement store* « automatique » 30 ans plus tard – c'était le premier de ces espaces à avoir installé l'air conditionné, des plafonds en miroirs et un étage décoré de verre coloré. L'historienne Susan Porter Benson a décrit ces nouveaux magasins du début du XXe siècle comme des « dispositifs consistant à convertir des espaces peu attractifs en machines à faire de l'argent ». Mais les produits bradés n'avaient pas attendu ces magasins pour exister, pas plus que n'était nouveau le fait d'ouvrir des lieux de vente dédiés aussi bien aux riches qu'aux pauvres. Dès 1837, A. T. Stewart avait inventé les soldes pour se débarrasser des vieux stocks d'invendus ; c'était une période où la dépression économique mettait les commerçants au pied du mur, les forçant soit à innover, soit à fermer leurs portes. Le discours de Stewart était bien rôdé : les fins de série permettaient aux femmes peu fortunées de se placer sur un pied d'égalité avec les plus riches[12].

Vendre les produits anciens et en faire entrer de nouveaux constitue le principe même de la rotation rapide des stocks, autre règle essentielle de la marchandisation de masse développée par Stewart et les dirigeants de grands magasins. Les petits commerçants avaient tendance à garder les produits invendus sur leurs étagères pendant des mois, voire des années. Les apôtres de la marchandisation de masse, au contraire, comprirent que l'espace de stockage pouvait être utilisé en permanence pour faire tourner les stocks qui se vendaient rapidement, et qu'il valait mieux investir dans des produits que les consommateurs achèteraient plutôt que d'immobiliser le capital dans des marchandises invendues. Cela concernait jusqu'au simple marchand ambulant : s'il vendait sa marchandise à midi, réinvestissait son argent dans l'achat de nouveaux stocks et les revendait à nouveau au cours de l'après-midi, son investissement de départ doublait. Cette idée était en rupture totale avec la conception basique selon laquelle le prix des marchandises doit être suffisamment élevé pour couvrir une part des dépenses et faire du profit. En augmentant la rotation des stocks, les inventeurs de la marchandisation de masse ont fait des fortunes, non pas grâce à l'augmentation des marges sur des produits spécifiques, mais grâce au volume des ventes de marchandises à bas prix[13].

La rotation rapide d'énormes quantités de stocks permettait de faire des économies d'échelle. Les grandes surfaces les plus importantes étaient gigantesques : celles que Marshall Field's et Macy's finirent de construire en 1902 faisaient plus de 90 000 m^2 , plus de quatre fois la taille d'un hypermarché Wal-Mart. Ces magasins employaient des milliers de vendeurs ; en 1904, Marshall Field's avait entre 8 et 10 000 salariés et servait jusqu'à 250 000 clients par jour. Les dirigeants de grands magasins disposaient donc également d'un énorme pouvoir d'achat. Ils étaient en mesure d'être leur propre grossiste, et ne s'en privèrent pas. Certains d'entre eux devinrent également intermédiaires pour des commerçants de petites villes. Marshall Field's, en particulier, fut l'un des plus importants grossistes de l'Ouest au moment de son développement économique.

Les petits commerçants spécialisés des villes comprirent qu'ils ne pourraient jamais lutter à armes égales avec ces énormes compagnies qui s'étaient muées en véritables puissances économiques. Durant les années 1880 et 1890, quelques-uns d'entre eux tentèrent de mettre un frein à l'expansion des grands magasins en demandant des lois qui restreindraient la variété des marchandises qu'un magasin pourrait proposer, ou qui les taxeraient. Ces efforts, aisément contrecarrés par les dirigeants des grands magasins et leurs amis du gouvernement, laissaient présager de mouvements de protestations plus puissants et populaires, conduits plus tard contre les sociétés de vente par correspondance et les chaînes de magasins, qui en appelleraient à leur tour à la loyauté des clients comme l'avaient fait avant eux les commerçants de province[14].

Des campagnes plus efficaces furent également menées contre les politiques du travail des grands magasins. Comme A. T. Stewart au milieu du XIXe siècle, nombre des cadres chargés de les appliquer traitaient les vendeurs comme « des machines travaillant dans un système déterminant l'ensemble de leurs actions ». Les vendeuses y recevaient des salaires plus faibles que ceux qu'elles auraient pu avoir dans d'autres secteurs d'activité ; elles restaient debout pendant des heures ; des inspections, amendes et licenciements étaient supposés les rendre dociles ; et leurs employeurs justifiaient ce traitement en se basant sur l'idée alors largement répandue que les femmes n'étaient en quelque sorte que des travailleurs temporaires. En 1890, la New York City Consumers' League (la Ligue des consommateurs new yorkais) fut créée par un groupe dirigé par Josephine Shaw Lowell, décrite par l'historienne Kathryn Kish Sklar comme « la femme la plus puissante de New York sur le plan politique ». Au cours d'un des premiers grands rassemblements de la Ligue, où abondaient les femmes du monde, une vendeuse charismatique nommée Alice Woodbridge décrivit les longues journées passées debout, les heures supplémentaires obligatoires non payées, et les patrons qui, selon les mots de Maud Nathan, l'une des leaders de l'association, récompensaient « la fidélité et l'expérience par le licenciement ». L'année suivante, la Ligue des consommateurs publiait sa première « Liste banche » des grands magasins ayant mis en place des « standards de qualité et de respect du personnel », évitant ainsi d'éventuels problèmes judiciaires liés à la publication d'une liste noire ou à l'appel au boycott. Elle fit paraître la liste – établie en fonction des niveaux de salaires, des heures et des conditions de travail, des relations cadres-employés et du travail des enfants – dans des journaux new-yorkais. La Ligue joua ensuite un rôle-clef dans la création de la Ligue nationale des consommateurs ; sous la direction énergique de Florence Kelley, qui vint à New York en 1899 pour en prendre la tête, la Liste blanche des grands magasins se transforma en la fameuse campagne dite du « Label blanc », un mouvement contre l'exploitation des travailleurs qui dura 20 ans[15].

La Ligue des consommateurs n'était pas la seule à surveiller de près les conditions de travail dans les grandes surfaces. D'autres organisations pour la promotion sociale des femmes, dont la Women's Trade Union League (la Ligue des femmes syndiquées) et la Young Women's Christian Association (l'Association des jeunes femmes chrétiennes), contribuèrent à élaborer un cahier de doléances faisant aussi bien état de la mauvaise ventilation et de la saleté des sanitaires, que de l'éreintant système de règles et de discipline ou de la faiblesse des salaires. Selon Susan Porter Benton, « la critique du grand magasin devint si répandue et était si facilement vérifiée par le public concerné que même les articles qui leur étaient relativement favorables mentionnaient les accusations portées par la Ligue des consommateurs contre leurs pratiques ». Face à cette pression, aussi bien qu'en réponse aux exigences financières internes, les plus progressistes des directeurs mirent en place des salles de déjeuner, des programmes d'aide sociale, divers types de primes et d'avantages qui récompensaient les chiffres de ventes sur la feuille de salaire, ainsi qu'une nouvelle politique promouvant la formation et des traitements décents[16].

Les sociétés de vente par correspondance : la technologie des usines à vendre

Les sociétés de VPC, qui ne sont pas dépendantes de la location de coûteux espaces en centres-villes, proposaient une variété de produits encore plus large que les grands magasins ; cependant, la distinction n'est pas si précise, dans la mesure où la plupart de ces derniers publiaient leur propre catalogue de VPC. Montgomery Ward, la première de ces grosses compagnies de VPC, naquit en 1872 avec pour objectif d'éliminer les intermédiaires et d'obtenir de meilleurs prix pour les membres de la Fédération agricole (la *Grange*), la plus puissante des organisations agricoles nationales. Dans un pays où la proportion de la population rurale était élevée – en 1900, les trois cinquièmes de la population américaine vivaient encore dans des endroits définis comme ruraux par le recensement – le succès du commerce par correspondance reposait sur la mise à disposition de l'ensemble des nouvelles marchandises industrielles pour ceux qui n'avaient pas accès aux grands magasins. En 1884, le catalogue de Ward faisait 240 pages et recensait presque 10 000 produits ; grâce à la construction d'un nouvel entrepôt, ce chiffre avait plus que doublé au début des années 1890. À cette époque, la compagnie avait un seul concurrent sérieux : Sears Robuck, qui était sur le point de la dépasser. En 1897, le catalogue de Sears, long de 786 pages, claironnait : « Pratiquement toutes les marchandises existantes sont dans ce catalogue[17]. »

Les sociétés de VPC proposaient ce que les acheteurs sur Internet qualifieraient aujourd'hui d'expérience de consommation pratique et discrète ; ces sociétés ne fournissaient aucun service, rien que des produits. Pour que la vente par correspondance soit un succès, les gens ont dû apprendre à se représenter la marchandise sans la voir – la reproduction de photographies dans les catalogues était encore beaucoup trop onéreuse – et à faire confiance à des commerçants qu'ils n'avaient jamais rencontrés. « Quiconque a fait l'expérience d'apprendre à lire un plan ou à former une image mentale à partir de mots », expliquait en 1916 le journaliste d'un magazine populaire, « se rendra compte à quel point il a été difficile pour ceux qui étaient habitués à acheter après avoir examiné la marchandise de faire leur choix à partir d'un catalogue ». Au début, Montgomery Ward envoyait les marchandises à réception d'un simple bon de commande, et les clients ne payaient que s'ils étaient satisfaits de ce qu'ils avaient acheté. « Vous n'avez pas à envoyer d'argent » ne cessait de se vanter Sears, à tel point que l'un des directeurs de la compagnie utilisa cette phrase comme titre de ses mémoires[18].

Même les plus sceptiques pouvaient être tentés d'essayer ces listes de VPC : comme chez Wal-Mart, en effet, les prix y étaient beaucoup plus bas qu'ailleurs. En 1897, le catalogue de Sears proposait par exemple des machines à coudre à des prix allant de 15,55 à 17,55 dollars, et les prix chez Ward étaient à peu près équivalents. À l'inverse, Singer et les autres marques de fabricants vendaient leurs machines à crédit au moins le double, et souvent plus encore, de ce prix. Alvah Curtis Roebuck, qui quitta rapidement l'entreprise bien que celle-ci ait conservé son nom, a un jour rappelé que durant les années de dépression de 1894 et 1895, lui et son partenaire avaient évoqué la possibilité de baisser les prix radicalement, mais qu'ils ne crurent finalement pas possible d'augmenter suffisamment le volume des ventes pour se le permettre. Cependant, au cours du mois de septembre 1897, ils étaient prêts à réduire de trois dollars le prix des machines à coudre déjà bradées. L'histoire officielle de la compagnie évoque une ligne stratégique présentant d'évidentes similitudes avec celle de Wal-Mart : « La compagnie croulait sous les commandes [...], Richard Sears était ivre de joie. Il réussit à convaincre le fabricant de baisser son prix de vente d'un dollar par machine, pour l'amener à 9,5 dollars. Puis Sears abaissa à son tour son prix de vente à 12,5 dollars. En octobre, 19 000 commandes parvinrent à la compagnie ; une fois déduites les dépenses liées à la publicité et à la manutention, cela représentait tout de même un profit de 19 000 dollars. »

Les prix étaient donc sensiblement moins élevés dans les catalogues. En 1916, une étude montra que chez les petits revendeurs locaux, les clients payaient leurs produits en moyenne 75 % de plus que ce que les commerçants les avaient achetés ; pour ceux qui passaient par les listes de VPC, la différence n'était que de 37 %[19].

Les grosses sociétés de VPC ne se contentèrent pas de pressurer leurs fournisseurs ; elles en rachetèrent également beaucoup. Dans une certaine mesure, on pourrait même attribuer la baisse des prix à cette intégration verticale. Richard Sears, en particulier, avait développé une stratégie spécifique pour obtenir des marchandises dans les quantités dont il estimait avoir besoin : il s'engagea à financer le développement des sociétés qui promirent de lui vendre la totalité de leur production en leur prêtant de l'argent et en achetant des parts lors des offres publiques initiales. En 1906, Sears était majoritaire dans le capital de 16 entreprises industrielles, parmi lesquelles des fabricants de fours, de meubles, de matériel agricole, d'équipement de plomberie ou d'appareils photographiques[20].

Comme Wal-Mart aujourd'hui, les grandes enseignes de VPC obtenaient des prix bas en utilisant des technologies de pointe et en systématisant l'organisation pour optimiser le procès de distribution ; cela à un niveau dont la plupart des Américains de ce début du XXIe siècle diraient qu'il n'a pu être atteint qu'avec l'invention de l'ordinateur. En 1906, Sears déménagea dans de nouveaux locaux à Chicago. Ces derniers, d'une superficie de 16 hectares, étaient parcourus de plusieurs kilomètres de tuyaux, de câbles, de rails et de tunnels souterrains reliant les bâtiments entre eux. L'entrepôt où était conditionnée la marchandise comprenait une usine de vêtements et pouvait abriter un train de 60 wagons. Les compagnies de chemin de fer, de télégraphie, de messageries express et la Poste avaient toutes une succursale sur le site. Le but de cette organisation était d'obtenir un flux régulier de marchandises, de la même manière qu'une usine met en place des tapis roulants pour acheminer les produits tout au long de la ligne d'assemblage. Deux mille personnes traitaient plus de 900 sacs remplis de lettres chaque jour. Grâce au mode d'organisation mis en place dans ces nouveaux bâtiments, Sears était en mesure d'expédier n'importe quelle marchandise dans un délai de 48 h à réception de la commande. Des machines spécialement conçues ouvraient 27 000 lettres par heure ; l'usine était équipée d'« ascenseurs, de convoyeurs mécaniques, d'innombrables chaînes, de trottoirs roulants, de convoyeurs à gravité, de tubes pneumatiques et de tout appareil connu susceptible d'alléger la charge de travail », selon les mots du catalogue de 1905. Dès 1911, Sears créa un fichier archivant le moindre achat de tous les clients de la société et l'utilisa pour cibler les envois de catalogues spécialisés. En 1915, les fichiers de Sears et de Montgomery Ward étaient remplis des noms et adresses de 4 à 6 millions de clients[21].

Quand les nouveaux entrepôts de Sears ouvrirent en 1906, la compagnie employait presque 8 000 personnes, soit cent fois plus qu'en 1895. Directement influencé par la célèbre réformatrice sociale Jane Addams, le responsable du personnel de Sears, Elmer Scott, fit de la société l'une des plus en pointe au niveau des prestations sociales de ses employés. Sears mit ainsi en place un hôpital sur le site, des pensions d'invalidité financées par les contributions des employés, des cours du soir, cinq restaurants, des remises pour les salariés, des congés payés et d'autres avantages. Cependant – et malgré la réglementation qui s'opposait au travail la nuit et le dimanche (la semaine de travail standard était de 57 h) – les responsables de magasins violaient régulièrement les règles sur les heures supplémentaires, et « le montant des salaires était aligné sur la seule nécessité de conserver la force de travail[22] ».

À l'instar de Wal-Mart, les sociétés de VPC ont rencontré une très forte opposition de la part des intérêts économiques locaux et subi de virulentes attaques dans la presse régionale. Les hommes d'affaires de province organisèrent des clubs de « ventes à domicile » et, en 1906 et 1907, les associations commerciales du Midwest se regroupèrent sous la bannière de la Home Trade League of America (la Ligue américaine de vente à domicile). En 1912, en plein cœur du rude hiver de l'Iowa, le Club commercial de Cedar Falls organisa un défilé dans la ville au son de la fanfare, sous des bannières proclamant « Nous pensions acheter moins cher, mais nous savons maintenant que nous avons été bernés ». Après le défilé, des membres du club convergèrent sur la place centrale pour brûler des catalogues de VPC. D'autres en vinrent aux mains sur la place du marché : des commerçants de Peabody, Kansas, encourageaient les clients à amener leurs catalogues dans les magasins pour qu'ils puissent s'aligner sur les prix de la VPC[23].

Certains historiens ont décrit ces manifestations comme inutiles : des actions inefficaces menées par des hommes dont les modes de vie dépassés étaient menacés par les évolutions technologiques et organisationnelles dans une économie en plein développement. Mais, en mobilisant ainsi leurs communautés, les hommes d'affaires provinciaux impulsèrent bien souvent le développement économique local. Leurs associations encouragèrent la construction de routes, de systèmes d'évacuation, de gares, de projets d'irrigation ; et ils ne s'engagèrent pas seulement contre les sociétés de VPC, mais aussi contre les colporteurs et les marchands opérant aux limites de la légalité. Ils cherchaient à la fois à défendre leurs intérêts financiers immédiats et à élargir leurs horizons. Mais ils échouèrent à comprendre que les routes qu'ils aidaient à construire et les techniques de marchandisation de masse auxquelles ils s'en prenaient étaient les deux faces d'une même pièce, celle d'une profonde transformation culturelle[24].

Les manifestations eurent pour seul effet d'obliger Sears et Montgomery Ward à trouver la parade : s'adresser directement aux consommateurs. « Ce catalogue vous dit exactement ce que votre revendeur à domicile paye pour tout ce qu'il achète », déclarait sur sa couverture le catalogue du printemps 1899 de Sears, « cela l'empêchera de vous faire payer plus cher ». En 1902, le catalogue de Ward reproduisait une déclaration d'un journal d'agriculture qui affirmait que les paysans étaient « tyrannisés par les petits commerçants ruraux ». En 1908, Sears fit la promesse que les marchandises arriveraient désormais de Chicago entièrement emballées parce que « nombreux sont ceux qui refusent d'avoir le nom de l'expéditeur figurant sur leurs boîtes ou colis ; en effet, lorsque la marchandise est débarquée à la gare ou au bureau de livraison, n'importe qui peut voir ce qui est acheté et où ça l'a été. [...] Nous avons appris que des milliers de nos clients ont besoin de cette protection que leur offre la suppression de notre nom. Et cela concerne aussi les citadins[25]. »

L'« enchaînement » de l'Amérique : système et opposition

Deux décennies plus tard, les petits commerçants organisèrent une campagne d'opposition aux chaînes de magasins assez similaire aux manifestations anti-VPC, avec des commerçants locaux enjoignant à leur clientèle d'acheter à domicile, de combattre les grandes entreprises et de sauvegarder l'« Americain Way of Life ». Les sociétés de VPC sont restées un phénomène largement rural jusque dans les années 1920, lorsque Sears et Montgomery Ward construisirent des magasins en dur dans les zones urbaines. À côté des chaînes de magasins spécialisées dans l'alimentation, la pharmacie, etc., ces nouveaux points de vente menaçaient à nouveau les commerces qui bordaient les rues principales des villages et les avenues commerçantes des quartiers urbains. En ville, comme l'a montré l'historienne Lizbeth Cohen pour Chicago, les chaînes de magasins n'ont pas conquis en un jour le marché du détail. Au moins jusqu'à ce que la Grande Dépression rende irrésistibles les prix bas pratiqués par ces chaînes, les migrants sont restés fidèles aux commerces tenus par des membres de leurs communautés, privilégiant les rapports directs avec les commerçants, qui leur permettaient d'obtenir des crédits, ainsi que les livraisons et autres services dispensés par les petits commerces[26].

Dans certains États, les chaînes bénéficiaient d'avantages fiscaux inaccessibles aux indépendants ; cette question devint centrale pour la réforme législative au moment où l'opposition qu'elles rencontraient se développait. Dans d'autres États, les opposants cherchèrent à promulguer une législation fiscale spécifique pour les chaînes. La première proposition de loi de ce type fut déposée dans le Missouri en 1923 mais ne passa pas ; quatre ans plus tard, des projets de loi anti-chaînes furent déposés dans 13 États. Le Maryland, la Caroline du Nord, la Georgie et la Pennsylvanie se dotèrent d'une telle législation. Les chaînes durent aller devant les tribunaux et, alors qu'elles se pourvoyaient en appel, d'autres États suivirent le mouvement. La Cour Suprême valida ces lois fiscales en 1931, entraînant aussitôt le dépôt de centaines de projets de loi ; le pic fut atteint en 1933, avec 225 projets de loi anti-chaînes déposés dans 42 États ; 13 d'entre eux furent adoptés. Au cours de la même période, la Commission fédérale du commerce, créée par le Sénat pour enquêter sur les chaînes en 1928, publia 33 rapports provisoires ; son verdict final, rendu en 1935, confirma nombre des allégations portées contre les chaînes. L'administration Roosevelt engagea également des actions antitrust, en particulier en 1939, lorsque le département de la Justice intenta un procès à A & P, perdu par la compagnie sept ans plus tard[27].

Les deux camps rivaux continuèrent de mobilier l'opinion publique pendant cette période de bouillonnement législatif et de procès. À la fin des années 1920, des campagnes pour la « vente à domicile » furent organisées dans les villages ; le premier meeting de masse anti-chaînes se tint à Petersburg, Virginie, en 1926. En 1930, le propriétaire d'une station de radio de Louisiane capable d'émettre dans tout le Sud et le Midwest, fonda l'organisation nationale des Merchants' Minute Men (les Miliciens du commerce), chargée de coordonner des campagnes locales de « vente à domicile » dans plus de 400 villes. Cette année-là, les chaînes de magasins devinrent un sujet de discussion dans les collèges et les universités de tout le pays. Pour combattre les petits commerçants et leurs organisations, les chaînes louèrent les services d'entreprises spécialisées dans les relations publiques. L'Association nationale des chaînes de magasins finança une campagne s'adressant à plus de 400 000 rédacteurs en chef, professeurs de marketing, fonctionnaires d'État, législateurs et responsables de bibliothèques. Au cours des années 1930, les autres groupes de grande distribution concentrèrent leurs efforts sur les relations publiques, et aboutirent à un programme publicitaire étalé sur trois ans et lancé par A & P en 1937[28].

A & P – the Great Atlantic and Pacific Tea Company (la Grande Compagnie de thé de l'Atlantique et du Pacifique) – était alors la plus grande, la plus ancienne et la mieux établie de toutes les grandes chaînes. Elle avait atteint sa taille maximale en 1930 avec 15 737 points de vente, plus de quatre fois le nombre de magasins Wal-Mart (en comptant les « *super centers* » et les Sam's Clubs) implantés aux États-Unis en 2004. Cette même année 1930, les ventes cumulées de la compagnie s'élevaient à 1,06 milliard de dollars, soit plus de 1 % du PIB américain. La deuxième plus grosse chaîne d'alimentation, la Kroger Grocery and Baking Compagny, avait culminé l'année précédente à une petite fraction de la taille d'A & P, avec 5 575 magasins et 286 millions de dollars de chiffre d'affaires[30].

Les fondateurs d'A & P, George F. Gilman et George Huntington Hartford, avaient ouvert leur magasin de thé à New York en 1859 ; en 1865, ils étaient à la tête de 26 magasins et d'une affaire très florissante de vente de thé et de café par correspondance. Ils commencèrent à se diversifier dans d'autres lignes de produits alimentaires au cours des années 1880 et 1890, et, au tournant du siècle, environ 200 épiceries avaient été ouvertes dans 28 États ainsi que dans le district de Columbia. D'autres chaînes d'alimentation sont restées bien plus petites ; la Great Western Tea Company (la Grande Compagnie occidentale du thé) fondée à Cincinnati en 1882, comptait par exemple 36 magasins en 1902. Des chaînes non spécialisées dans l'alimentaire se sont aussi lancées durant la même période. Frank Woolworth ouvrit avec succès son premier magasin « Tout à 5 cents » en 1879 ; en 1900, il en possédait 59 et il en acheta 37 de plus en 1904, connaissant ainsi un développement significatif. De son côté, McCrory's était à la tête de 20 magasins en 1900, alors que Kress en avait ouvert onze ; quant à S. S. Kresge, qui deviendrait la deuxième plus grande chaîne généraliste, elle était encore à cette époque une chaîne spécialisée. Les chaînes de pharmacie, elles, restaient à la traîne, probablement parce que de nombreux pharmaciens se considéraient davantage comme des professionnels que comme des hommes d'affaires. Au tournant du siècle, la distribution était donc encore largement entre les mains des magasins spécialisés gérés par une seule personne ; la part des chaînes restait bien faible au regard de ce qu'elle serait par la suite[31].

En 1912, les plus grosses chaînes (A & P et Woolworth en particulier) avaient connu une très forte croissance et étaient l'objet d'attaques incessantes, notamment de la part du mouvement progressiste qui cherchait à protéger le public des excès du grand capital. Les critiques les accusaient d'être dominées par les intérêts de Wall Street. Et en effet, parmi les dirigeants de Woolworth se trouvaient Henry Goldman de Goldman, Sachs and Company, Philip Lehman de Lehman Brothers et le président du conseil d'administration de la Chase National Bank. Ces trois hommes participaient également aux conseils d'administration de Sears et de deux autres sociétés. Cela fit dire à un représentant de l'Association nationale des pharmaciens lors d'une commission du Sénat : « Quand on dit à un homme ayant une capacité d'investissement de 3 000 dollars qu'il doit entrer en concurrence avec un autre homme dont cette même capacité est de 3 millions de dollars, on lui demande de réaliser l'impossible. La compétition sans règle [...] n'est rien d'autre qu'une mauvaise plaisanterie[32] ».

Comme les grands magasins et les sociétés de VPC – et comme Wal-Mart –, les chaînes dépendaient de modèles innovants qui reposaient sur les principes fondamentaux de la marchandisation de masse. Contrairement à la plupart des petits commerces, elles avaient mis en place une comptabilité moderne, répartissaient leurs produits en rayons et assuraient une forte rotation des stocks. La United Cigar Stores, qui comptait plus de 900 points de vente en 1914, exigeait des rapports quotidiens de chaque responsable de magasin, ou vérifiait leur implication en faisant procéder à des contrôles surprises. La compagnie affirmait par ailleurs faire tourner ses stocks 50 fois par an, à la différence des bureaux de tabac indépendants, même les plus prospères et les plus modernes d'entre eux, dont les stocks étaient au mieux renouvelés 15 ou 20 fois par an. D'une manière générale, les emplacements des magasins de chaînes étaient scrupuleusement choisis, et des spécialistes de l'immobilier chargés d'en négocier les ventes et les baux. La chaîne de restaurants Child's, qui disposait de 80 points de vente dans tout le pays, n'hésitait pas à attendre cinq ans pour trouver les localisations adéquates, choisies sur la base d'un examen minutieux de données diverses. Les employés de la United Cigar, par exemple, étaient envoyés à l'angle des rues pour compter les passants ; la filiale immobilière de la société achetait des immeubles entiers pour obtenir les meilleurs sites, tout en tirant des revenus substantiels de la location d'espaces de bureaux. Quant à la gestion des stocks, elle permettait aux chaînes de savoir exactement ce qui se vendait et de le faire passer le plus efficacement possible du wagon de marchandises au sac de courses. Pendant l'entre-deux-guerres, les cadres des magasins A & P remplissaient des bons de commande types deux fois par semaine ; puis ils les faisaient traiter dans les entrepôts qui répartissaient les marchandises selon leur ordre d'apparition dans la liste[33].

À la différence des sociétés de VPC, qui construisirent de vastes entrepôts remplis de travailleurs interagissant davantage avec l'encadrement qu'avec le public, les chaînes amenèrent les principes et les techniques d'une marchandisation de masse centralisée dans de nombreux magasins diversement localisés, gérés par des vendeurs et des cadres moyens travaillant loin des cadres dirigeants. De plus, comme A. T. Stewart au milieu du XIXe siècle et Wal-Mart aujourd'hui, les chaînes ont développé des méthodes leur permettant de fonctionner avec une main-d'œuvre très peu coûteuse. « Les chaînes d'épicerie de Philadelphie », rapportait en 1914 la revue professionnelle

Printers' Ink dans une série d'articles consacrés aux chaînes, « emploient des immigrés à faibles salaires [...] parce que le travail a été à ce point mécanisé qu'il requiert un niveau d'instruction, de contrôle et d'initiative personnelle extrêmement faible[34] ».

Dans un premier temps, résolues à garder le contrôle de leur organisation et à limiter au maximum le coût du travail, les chaînes résistèrent à la syndicalisation. Le mouvement syndical, en retour, joignit ses forces à celles des opposants aux chaînes. Mais selon l'historien Richard Tedlow, les chaînes d'alimentation (déjà attaquées par nombre d'instances administratives durant le New Deal) choisirent finalement de faire la cour aux syndicats pour obtenir un soutien politique. Dès 1938 et 1939, A & P signa des conventions collectives avec la fédération américaine des syndicats. En échange, ces derniers – dont de très nombreux membres étaient aussi des consommateurs concernés par les prix – s'opposèrent à la législation anti-chaînes. Les chaînes à l'encadrement centralisée étaient certes redoutables, mais leurs employés pouvaient se syndiquer plus facilement que ceux des dizaines de milliers de petits magasins indépendants. Le président de l'Amalgamated Meat Cutters (L'Union des bouchers) alla jusqu'à affirmer que les chaînes payaient mieux et qu'il était plus facile de travailler avec elles qu'avec les commerçants indépendants ; il prétendit également que les syndicats seraient menacés si elles venaient à disparaître, parce que les propriétaires indépendants avaient moins d'employés[35].

Leur pouvoir d'achat, colossal et rationalisé, permit aux chaînes d'avoir de nouveaux types d'exigences face aux fabricants et aux grossistes. À la manière de Sears et de Montgomery Ward, quelques-unes d'entre elles se passèrent définitivement des grossistes, avant d'investir directement dans des usines. Quand elles ne fabriquaient pas elles-mêmes leurs produits, elles demandaient et obtenaient des remises exceptionnelles ; elles demandaient aussi – et parfois se l'accordaient d'office – des délais supplémentaires de paiement, crédits qui leur permettaient de financer diverses opérations. Les créditeurs « n'aiment pas ça », écrivirent les enquêteurs du *Printers' Ink*, « mais que voulez-vous qu'ils fassent ? Une fois qu'ils ont essayé l'argent des chaînes, il est deux fois plus dur de refuser ». Les critiques l'avaient compris et le dénonçaient : les chaînes avaient accès aux finances de Wall Street. Et les plus grandes d'entre elles, suivant en cela l'exemple de Sears, intégrèrent la fabrication : des filiales d'A & P faisaient le pain, fabriquaient des conserves, emballaient des haricots ou des céréales ; et, en 1930, l'une d'entre elles était tout simplement devenue le plus grand marchand de café du monde[36].

Ces avantages financiers permirent aux chaînes de proposer de meilleurs prix que les commerçants indépendants sur les produits de marque fabriqués aux États-Unis ; le pouvoir des fabricants était menacé et les petits détaillants, obligés de vendre les mêmes biens à des prix plus élevés, prirent peur. La baisse des prix était un véritable défi lancé à la stratégie marketing des gros industriels, qui cherchaient à susciter une fidélité aux marques suffisamment forte pour amener les acheteurs à passer outre le caractère sensible du prix, à générer une confiance dans les qualités des produits qui les convaincrait de payer quel qu'en soit le montant. Les fabricants craignaient que si la boîte de corn-flakes à 10 cents était soudain vendue 8 cents, les acheteurs en concluraient que Kellogg's ne valait pas plus que des marques moins connues et moins chères.

Mais toutes les chaînes n'ont pas pratiqué cette baisse des prix. Les magasins à prix uniques, par exemple, n'ont que rarement suivi ; contrairement aux chaînes de produits pharmaceutiques qui l'ont toutes mise en œuvre. Alors qu'A & P n'avait rien d'« un partisan fanatique de la réduction des prix », était-il écrit en 1914 dans le journal *Printers' Ink*, la plupart des autres chaînes d'alimentation pouvaient être considérées comme telles. En théorie, les chaînes pouvaient faire de la publicité pour des produits de marque afin d'attirer les clients, puis encourager les vendeurs à les « substituer » par des produits de leurs propres marques (sur lesquels les marges étaient supérieures) en affirmant qu'ils étaient tout aussi bons. Mais les auteurs de l'article expliquaient que la plupart des chaînes ne pratiquaient pas cette substitution ; les commerçants indépendants étaient en réalité bien plus enclins à le faire. « La théorie de la chaîne de la marchandisation considère qu'il faut donner au public exactement ce qu'il demande. Si elle peut satisfaire le client et le faire revenir, encore et encore, elle permettra de faire de nombreux profits qui dépasseront ceux, certes très importants mais non reproductibles, qu'elle pourrait éventuellement tirer de la substitution [...]. La Owl Drug Company, basée à San Francisco, a affiché un panneau dans ses magasins qui menace de licenciement tout vendeur qui pratiquerait la substitution [...]. Cela semble contradictoire avec l'image que nous nous faisons des méthodes des chaînes, mais en parfait accord avec les principes modernes de la marchandisation. » Quoi qu'il en soit, une fois la vente effectuée, le vendeur de chez Owl était censé suggérer la marque maison pour le *prochain* achat du client[37].

Inquiets à l'idée que leur marque puisse être pénalisée, certains fabricants refusèrent de vendre à des chaînes qui pratiquaient la baisse des prix, et durent se défendre eux-mêmes lorsque ces dernières leur attentèrent des procès. D'autres fabricants mobilisèrent les petits commerçants et leurs organisations pour soutenir un programme appelé « Ventes à prix fixes », grâce auquel les gros industriels fixaient les prix non seulement pour les grossistes, mais aussi pour les commerçants et les consommateurs, allant parfois jusqu'à imprimer le prix directement sur l'emballage. Considéré comme équitable par ses partisans et comme une obligation injuste par ses détracteurs, ce programme a une histoire judiciaire et législative longue, complexe et qui n'est pas encore terminée. En 1911, la Cour Suprême l'a déclaré illégal en votant le Sherman Antitrust Act, à la suite d'un cas ayant impliqué la Compagnie médicale du Dr Miles, spécialisée dans les produits pharmaceutiques. Durant les premières années de la Grande Dépression, presque tous les États se dotèrent d'une législation autorisant les ventes à prix fixes dans leurs limites territoriales. Ces lois furent ensuite renforcées par le Miller-Tydings Act de 1937, qui amendait le Sherman Act afin de pouvoir prendre des sanctions fédérales contre la fixation des prix dans le commerce inter-États. Avec le Robinson-Patman Act de 1936, qui limitait le montant des remises offertes par les chaînes de grands magasins, cette loi forme le cœur du dispositif législatif anti-chaînes. Puis, en 1975, le Miller-Tydings Act fut abrogé par le Consumer Goods Pricing Act (la loi sur le prix des biens de consommation), qui légitima les politiques tarifaires de Wal-Mart et d'autres discounters et fut par la suite essentiel à leur expansion. Mais la question de la fixation des prix est restée ouverte (et une partie de la loi la concernant fut une nouvelle fois renversée) jusqu'en 1997, lorsque la Cour, dans le cadre du procès opposant la State Oil Company à Barkat U. Khan, décida que les fabricants pourraient eux-mêmes fixer un montant maximum[38].

La naissance du libre-service

Malgré ses nombreux points de vente et ses compétences en matière logistique, A & P n'a pas ouvert de supermarché avant la fin des années 1930. Ses magasins étaient tenus par des vendeurs qui attendaient derrière les comptoirs et s'occupaient de récupérer les marchandises pour les clients. Au cours des premières décennies de la marchandisation de masse, la plupart des grandes enseignes d'alimentation offrirent les mêmes services que les épiceries indépendantes : crédits, livraisons et commandes par téléphone. Au fond, durant les premières années de leur existence, les chaînes présentaient de nombreuses similitudes avec les indépendants ; même s'il était bien sûr impensable que les cadres des chaînes développent la même solidarité avec leur environnement que ne le faisaient les petits commerçants lorsqu'ils aidaient les régions rurales en cas de mauvaises récoltes ou les travailleurs en grève. Par ailleurs, de nombreuses chaînes complétèrent le chiffre d'affaires réalisé dans les magasins en organisant, en train puis en voiture, des ventes itinérantes ; pour chaque magasin, pas moins de 20 vendeurs, payés à la commission, sillonnaient le pays (A & P et Grand Union, par exemple, disposaient chacun de plusieurs milliers de circuits de vente)[39].

Mais en 1912, A & P lança ses premiers « Magasins économiques » ; cette innovation allait précipiter le développement de la chaîne. Simplement tenus par un cadre et son assistant – qui fermaient le magasin pour aller déjeuner – les Magasins économiques ne proposaient aucun service et laissaient les clients faire leurs courses eux-mêmes. Les économies ainsi réalisées profitaient aux acheteurs, qui avaient accès, dans ces nouveaux magasins à la devanture rouge, à des prix plus bas que dans les anciens points de vente d'A & P. Encouragée par le succès de ce nouveau dispositif, la compagnie ouvrit des centaines et même des milliers de magasins chaque année jusqu'à atteindre son pic en 1930. Mais, alors que certaines chaînes suivaient le mouvement et supprimaient le crédit et la livraison, de nombreuses autres continuaient de proposer ces deux services essentiels et typiques des épiceries indépendantes du tournant du XXe siècle[40].

Dès 1909, les magazines économiques avaient commencé à suggérer que la vieille méthode consistant à employer des vendeurs attendant les clients n'était pas la bonne. Un décorateur de magasins s'était mis à rêver d'« une configuration permettant au client de choisir ses produits sans être assisté, de payer à la caisse puis de s'en aller ». Mais la première opération de libre-service réussie est généralement attribuée à Clarence Saunders, qui ouvrit son premier magasin Piggly Wiggly à Memphis en 1916. L'année suivante, on lui attribua un brevet d'invention pour la configuration de ses magasins : les clients étaient munis de paniers, se déplaçaient dans un dédale de couloirs où ils avaient directement accès aux marchandises, puis sortaient au niveau des caisses. Piggly Wiggly compta jusqu'à 2 600 points de vente ; en 1926, les ventes moyennes dans ses magasins étaient largement deux fois supérieures à celles des A & P.

Les supermarchés, qui amenèrent à maturité les principes du libre-service, furent le résultat direct de la Grande Dépression. Comme l'a écrit Richard Tedlow, « le supermarché s'est construit sur l'attrait exercé par les prix ». Bien qu'il y ait eu des précédents, plusieurs variantes de ce que nous appelons désormais des supermarchés ont commencé leurs activités dans les années 1930. Leurs patrons pleins d'imagination comprirent que la culture de la consommation était en crise : une population habituée à des produits de marque, de mieux en mieux équipée en automobiles et réfrigérateurs, et recherchant les prix les plus bas ne pouvait faire bon ménage avec la dépression économique. Il fut donc décidé que les supermarchés seraient construits en dehors des principales zones urbaines, sur de grandes étendues de terrains bon marché ou dans d'anciens bâtiments industriels. Dans ces énormes espaces, on installa de grands étalages qui firent du libre-service une technique de marchandisation efficace pour les produits de marques et emballés. Grâce aux vastes superficies dédiées aux parkings, les supermarchés attirèrent des clients venus de tous les environs. Grâce aux caddies à roulettes et aux voitures, les clients ne furent plus limités par le volume qu'ils pouvaient transporter. Et grâce aux réfrigérateurs, ils purent même acheter des denrées périssables en grandes quantités, contribuant à faire des supermarchés des lieux où transitaient de gros volumes et où la rotation des stocks était très élevée[41].

Dans les années 1950, la moitié des produits alimentaires américains étaient achetés dans des supermarchés, alors que ces derniers ne représentaient que 5 % des magasins d'alimentation du pays. Les chaînes d'alimentation qui avaient réussi s'étaient muées en chaînes de supermarchés ; A & P, par exemple, avait pris cette décision stratégique dès 1938. Leurs magasins grossirent en même temps qu'augmentait la diversité des produits. À l'inverse, les indépendants les plus chanceux ne faisaient désormais plus guère office que de magasins de proximité. Leurs propriétaires devaient travailler de longues heures, et étaient souvent contraints de proposer à une clientèle réduite au voisinage immédiat de la nourriture hautement périssable et souvent abîmée – notamment du pain et du lait[42].

Pendant les années 1950, de nouveaux types de magasins discount appliquèrent les méthodes des supermarchés à des catégories de marchandises toujours plus diversifiées : à l'exception de E. J. Korvette, la plupart d'entre eux eurent une trop faible durée de vie pour rester dans la postérité. Malgré de faibles marges, ces magasins faisaient des profits en réduisant leurs frais généraux et en se rattrapant sur les quantités vendues ; ils se spécialisèrent par ailleurs dans les marchandises de marques tels que sacs de voyage, articles de sport, appareils photos, bijoux et appareils électroménagers. En vendant ces produits de marques en dessous du prix « conseillé par les fabricants », les discounters menaient clairement l'assaut contre les lois sur la *fair trade* (le commerce équitable). Ils fonctionnaient avec un minimum de main-d'œuvre et les services proposés étaient des plus restreints ; ils grossissaient donc en diversifiant leurs lignes de produits au point de proposer la quasi-totalité de ce que vendaient les grands magasins, lesquels étaient en train d'ouvrir des points de vente dans les *malls* sans mettre en place de « coin discount ». Par ailleurs, quelques discounters spécialisés faisaient payer des frais d'inscription, réduisant ainsi leur clientèle à des groupes sociaux particuliers, tels que les employés du gouvernement ou les membres des syndicats[43].

En 1962, deux énormes enseignes de grande distribution, Kresge et Woolworth, inauguraient leur chaîne de magasins discount, Kmart et Woolco ; une chaîne de grands magasins du Minnesota ouvrait ses quatre premiers points de vente Target ; et Sam Walton lançait le premier Wal-Mart dans un immeuble de 1 500 m^2 à Rogers, dans l'Arkansas, où travaillaient 25 personnes. Les vendeurs y étaient payés bien en dessous du salaire minimum. Sur le logo de la toute jeune compagnie figuraient les slogans

« Nous vendons moins cher » et « Satisfaction garantie ». Les publicités expliquaient que Wal-Mart pouvait proposer de tels prix parce qu'elle achetait directement aux fabricants ; des remises de 50 % pouvaient ainsi être pratiquées sur des articles d'électroménager de marque Sunbeam ou General Electric, ou encore sur des Polaroid. Selon Walton, le jour de l'ouverture, des « dizaines de milliers » de clients se pressaient aux portes du magasin. Le succès encouragea aussitôt l'expansion du magasin, et de l'entreprise[44].

Qu'y a-t-il chez Wal-Mart de distinctement nouveau ?

L'histoire, comme est supposé l'avoir déclaré Mark Twain, ne se répète pas, mais il lui arrive parfois de rimer. Sam Walton était assis sur l'épaule des géants de la distribution[45]. Et il est plus facile de comprendre sa réussite si nous reconnaissons les leurs, si nous comprenons les similarités qui les unissent. Néanmoins, Wal-Mart est sans l'ombre d'un doute un phénomène commercial unique. Qu'est-ce qui, alors, fait de cette entreprise un phénomène véritablement nouveau et différent ?

Première réponse : la taille. En 2004, les revenus annuels de la compagnie représentaient 2,3 % du PIB américain, 20 % des ventes de jouets et 14 % de celles des produits alimentaires ; c'était la plus grande entreprise mondiale[45]. L'expert financier Peter J. Salomon expliquait cette même année que Wal-Mart était si grosse « que la principale question stratégique que [devait] se poser chaque commerçant et industriel américain [était] la suivante : “quel est l'état de mes relations avec Wal-Mart ?” » C'était sans doute autrefois tout aussi vrai pour A & P et l'industrie de l'emballage alimentaire, mais jusqu'ici aucune entreprise n'avait à ce point dominé à la fois le secteur de la vente au détail et celui de la production dans presque tous les secteurs de la grande consommation ; pas plus que l'activité d'un seul détaillant n'avait à ce point influencé l'ensemble de l'économie américaine[46].

Tout comme les autres géants du discount qui ont aussi émergé en 1962, Wal-Mart a joui d'un parfait timing, profitant dans sa phase d'expansion initiale d'une prospérité économique propice à l'épanouissement de la culture consumériste. Les Américains possédaient – et achetaient – tout simplement plus de choses qu'aux heures de gloire de Woolworth et de Sears, et beaucoup plus de choses que durant la Guerre civile, quand A. T. Stewart était à son apogée et qu'A & P se lançait dans les affaires. Nous ne fabriquons plus nos vêtements nous-mêmes, nous ne préparons plus l'immense majorité de nos repas, et nous ne connaissons plus ceux qui le font pour nous. En achetant et en amassant des produits standardisés, les consommateurs se créent des « styles de vie » qui remplissent autant que possible leurs besoins, qui sont adaptés à leurs goûts dans la mesure où leur budget, ainsi que le temps consacré au shopping et leur disposition à son égard, le leur permettent.

Même si nombre des méthodes de marketing et des modes de consommation du début du XXIe siècle sont des prolongements de tendances antérieures, le monde de la vente au détail des biens de consommation est qualitativement différent de ce qu'il était il y a un siècle. La vente au détail est devenue plus standardisée, là où autrefois les quartiers commerçants des petites villes et des centres urbains se faisaient les reflets de différences régionales, d'héritages ethniques et de personnalités singulières.

La consommation est considérée comme une source d'identification et de satisfaction plus importante que le travail pour la plupart des gens, et au moins aussi importante pour la quasi-totalité d'entre nous. Les logos de marques sont cousus directement sur les vêtements, les consommateurs portent des tee-shirts vantant des noms de bière ou des lieux de vacances… Les marques sont devenues des indicateurs individuels du statut social, qu'il s'agisse des jeunes des ghettos exhibant leurs baskets ou des traders de Wall Street arborant leurs montres.

Dans un tel univers culturel, des prix bas pratiqués sur une large gamme de produits constituent une attraction puissante pour la majorité des gens, qui ne gagneront jamais assez pour satisfaire tous leurs désirs. Et même si faire ses courses chez Wal-Mart peut apparaître comme une expérience radicalement opposée à celle que proposaient les luxueux mondes de rêve qu'étaient les grandes surfaces du début du XXe siècle, le géant de l'Arkansas s'est distingué depuis ses débuts par une politique entièrement dédiée au contentement du client, que ce soit au niveau des marchandises ou à celui du personnel. Il accorde ses stocks à sa clientèle : ses méga-centres commerciaux permettent aux familles qui travaillent de faire l'intégralité de leurs courses au même endroit. Pour le dire autrement, chez Wal-Mart les clients ont du pouvoir. Comme l'a écrit une femme du Minnesota à son journal local, il lui est possible de « ressortir de Wal-Mart avec un caddy rempli » pour un montant qui ne remplirait qu'un ou deux sacs dans un autre magasin. « Quel bien cela fait ![47] »

La compagnie applique de nombreuses stratégies ayant fait leurs preuves pour limiter au maximum les frais généraux. Comme Frank Woolworth en son temps, qui laissait partir ses meilleures vendeuses lorsqu'elles pouvaient avoir ailleurs un salaire supérieur à celui qu'il acceptait de payer, les responsables de Wal-Mart ont privilégié les intérêts financiers de leurs clients à ceux de leurs employés. Comme Richard Sears, qui achetait et revendait ses fournisseurs, Wal-Mart est célèbre pour la pression qu'elle exerce sur les fabricants, n'hésitant pas à sacrifier les bonnes relations éventuellement entretenues avec eux sur l'autel des prix bas. Comme les sociétés de VPC, publiquement subventionnées par un système de livraison gratuit en milieu rural dès 1901, puis par des services de colis postaux en 1902, Wal-Mart est passée experte dans l'art de profiter des fonds gouvernementaux. Elle construit des magasins et des centres de distribution grâce à l'assistance publique ; elle est aidée pour acheter des terrains et passer des accords financiers, pour construire des infrastructures, tels que des conduits d'approvisionnement en eau, des égouts ou des routes d'accès ; elle bénéficie de dégrèvements d'impôts, de crédits prélevés sur les impôts sur les sociétés, de taux d'intérêts à long terme inférieurs à ceux du marché, du statut de zone de défiscalisation pour les entreprises ; elle a même obtenu des programmes d'aide à l'embauche et à la formation[48].

La compagnie s'est développée au cours d'un changement – tout en y contribuant – dans la structuration du pouvoir de la grande distribution. Au moment où Sam Walton a lancé Wal-Mart en 1962, le système des prix fixes était effectivement sur le déclin : de nombreux discounters ignoraient tout simplement les prix fixés par les fabricants. Depuis le départ, Wal-Mart s'est distinguée de ses concurrents en proposant des produits de marques à bas prix. Après 1975, lorsque la loi sur le prix des biens de consommation a légalement mis fin au système des prix fixes, les entrepôts des discounters ont fleuri à travers le pays ; ces derniers ont alors été de plus en plus en mesure d'exercer une pression sur les industriels pour obtenir grâce à leur taille des accords avantageux. Plus récemment, Wal-Mart a obtenu plus de pouvoir par rapport aux fabricants simplement parce que la production industrielle est devenue moins centrale dans l'économie américaine – une tendance à laquelle Wal-Mart a largement contribué en forçant les industriels à délocaliser leur production[49].

Le glissement de pouvoir qui s'est effectué est dû en partie au contrôle de l'information exercé par la compagnie. En effet, comme Sears et A & P, Wal-Mart a utilisé la technologie pour l'appliquer à la marchandisation. Et elle l'a fait au cours d'une période justement caractérisée comme ayant connu une révolution de l'information. Elle fut l'une des premières sociétés au monde à adopter le système des codes-barres, se rendant ainsi capable de rassembler (et de manipuler) elle-même l'information sur la marchandise et les consommateurs sans avoir à dépendre des études de marché menées par les industriels. En 1988, Wal-Mart constitua le plus grand système de communication privé par satellites aux États-Unis, reliant tous les magasins et centres de distribution à son quartier général de l'Arkansas ; ce système permettait l'échange vocal, la transmission de données et l'envoi de vidéo. Plus récemment, la compagnie a ordonné à ses principaux fournisseurs d'investir dans des systèmes d'identification de fréquence radio (RFID) capable d'appliquer une balise aux caisses et aux palettes pour que la marchandise puisse être suivie à chaque étape de la distribution[50].

Enfin, Wal-Mart a fait un travail exceptionnellement efficace en ciblant des marchés particuliers. De la même manière que les sociétés de VPC qui s'étaient attaquées au marché rural dans les années 1890, Wal-Mart a entrepris de desservir toutes les petites villes des régions les plus pauvres. Une étude menée en 2000 par l'économiste Andrew Franklin a établi que « la présence de Wal-Mart sur un territoire donné allait de pair avec des revenus moyens inférieurs à ceux prévalant généralement aux États-Unis ». Selon la principale plaignante dans l'affaire de discrimination sexuelle contre la compagnie, « ils s'adressent aux pauvres [...] ; ils ne cherchent pas à séduire les riches [...] ; ils savent distinguer les possédants de ceux qui n'ont rien [...] ; ils ne mettent pas leurs magasins dans les quartiers chic ; ils s'implantent en plein milieu de "Poorville" ». Sur ce segment de marché, la compagnie s'est montrée particulièrement habile à créer un environnement commercial attractif pour les femmes qui travaillent tout en ayant charge de famille : ces dernières peuvent acheter tout ce dont elles ont besoin au même endroit à des prix intéressants, économisant du temps et de l'argent[51].

Les entreprises qui réussissent ne font pas qu'engendrer la déroute de leurs concurrentes les plus faibles ; elles mettent aussi en place les critères d'une nouvelle compétition. En 2004, Peter J. Salomon déclarait que « le dernier détaillant qui ait à ce point dominé le marché fut Sears ». Alors que ce dernier se développait au cours des années 1920, transformant sa société de VPC en une chaîne de magasins adoubée par le Dow Jones, de grands magasins locaux fusionnèrent pour créer de nouveaux concurrents aussi puissants que les Federated Department Stores (Les Grands Magasins Unis), qui aujourd'hui encore dirigent de nombreuses chaînes, dont Macy's. De façon similaire, poursuivait Salomon, « le succès de Wal-Mart stimule des forces oppositionnelles », des fusions parmi les fournisseurs de la compagnie. Encore oubliait-il de mentionner les nombreuses autres formes d'opposition existantes, des syndicats aux associations[52].

Ces dernières, notamment, ont produit une analyse critique de Wal-Mart qui s'intéresse aussi bien aux salaires et à la discrimination sexuelle qu'à l'appauvrissement culturel des groupes sociaux dominés par la culture des hypermarchés. En se développant, l'opposition à Wal-Mart s'est de plus en plus concentrée sur la mondialisation, intégrant à sa critique des problèmes aussi urgents et importants que l'environnement, la force de travail mondiale et les droits de l'homme. L'histoire ne donne pas de réponses ou d'explications simples aux questions soulevées par ces critiques. On pourrait même dire qu'une perspective historique a généralement tendance à compliquer l'affaire. Mais cela fournit un point de vue à partir duquel nous pouvons évaluer le présent : ce ne fut pas toujours ainsi, les choses changent, et ce à quoi nous assistons aujourd'hui va à son tour se transformer en quelque chose d'autre. Les entreprises ont des cycles de vie : elles sont des phénomènes transitoires ; elles vivent puis finissent par mourir. À la fois « modèle pour le capitalisme du XXIe siècle » et manipulatrice expérimentée des principes de la marchandisation de masse initiés au XIXe siècle, Wal-Mart n'est pas plus éternelle que le catalogue de Sears, celui-là même qui, autrefois, dominait outrageusement la marchandisation de masse aux États-Unis. Mais elle fait aussi partie d'une tendance de long terme, celle d'un développement d'une culture de la consommation dominée par les entreprises géantes.

Notes

1. John K. Winkler, *Five and Ten: The Fabulous Life of F. W. Woolworth*, Robert M. McBride, New York, 1940, pp. 109-110.

2. Charles W. Hurd et M. M. Zimmerman, « How the Chains Are Taking Over the Retail Field, IV », *Printers' Ink*, 8 octobre 1914, p. 35.

3. Godfrey Lebhar, *Chain Stores in America: 1859-1959*, Chain Store Publishing, New York, 1959, p. 38.

4. D'un point de vue purement technique, toutes les nouvelles marchandises n'étaient pas produites en masse. Philip Scranton nous a permis de mieux comprendre la manière dont se fabriquaient les quantités massives de biens de consommation au cours des décennies postérieures aux années 1880. Il a notamment expliqué l'importance des nombreuses petites entreprises qui faisaient du « travail par lots », produisant des vêtements de mode, des bijoux ou des meubles dans des styles, des tailles et des couleurs variés, et qui ne relevaient donc pas des exigences et des restrictions de la production de masse. Voir Scranton, « Diversity in Diversity: Flexible Production and American Industrialization, 1880-1930 », *Business History Review*, vol. 65, printemps 1991, pp. 27-90, et *Endless Novelty: Specialty Production and American Industrialization, 1865-1925*, Princeton University Press, Princeton, 1997.

5. NdT : Le branding désigne un ensemble de techniques de communication devant servir à créer et à renforcer la puissance et la visibilité d'une marque auprès des consommateurs.

6. NdT : Marque de produits de parapharmacie qui fabriquait initialement du savon.

7. Cet argument concernant le branding est développé dans mon livre, *Satisfaction Guaranteed: The Making of the American Mass Market*, Pantheon, New York, 1999 ; rééd. Smithsonian, Washington, 2004.

8. Pour plus d'information sur le système de distribution à deux vitesses, voir Susan Strasser, *Waste and Want: A Social History of*

Trash, Metropolitan Books, New York, 1999, pp. 69-109. Harvard Study: Harvard University Bureau of Business Research, *Management Problems in Retail Grocery Stores*, Bulletin n° 13, Harvard University Press, Cambridge, 1919, pp. 47-48. Sur les codes secrets, voir Strasser, *Satisfaction Guaranteed*, *op. cit.*

9. Paul H. Nystrom, *The Economics of Retailing*, Ronald Press, New York, 1915, p. 192 ; Deborah S. Gardner, « "A Paradise of Fashion": A T Stewart's Department Store, 1862-1875 », in *A Needle, a Bobbin, a Strike: Women Needleworkers in America*, Joan M. Jenson et Sue Davidson (dir.), Temple University Press, Philadelphie, 1985, p. 63 ; Stewart cité par Harry E. Resseguie dans « Alexander Turney Stewart and the Development of the Department Store, 1823-1876 », *Business History Review*, vol. 39, automne 1965, p. 314.

10. Deborah S. Gardner, *art. cit.*, p. 64.

11. Neil Harris, « Museums, Merchandising, and Popular Taste: The Struggle for Influence », in *Material Culture and the Study of American Life*, Ian M. G. Quinby (dir.), W.W. Norton, New York, 1978, p. 149 ; Rosalind H. Williams, *Dream Worlds: Mass Consumption in Late Nineteenth-Century France*, University of California Press, Berkeley, 1982 ; Susan Porter Benson, « Palace of Consumption and Machine for Selling: The American Department Store, 1880-1940 », *Radical History Review*, vol. 21, printemps 1979, pp. 199-221 ; Alphonsus P. Haire, « The Telephone in Retail Business », *Printers' Ink*, 27 novembre 1907.

12. Meg Jacobs, *Pocketbook Politics: Economic Citizenship in Twentieth-Century America*, Princeton University Press, Princeton, 2005, p. 24 ; William Leach, *Land of Desire: Merchants, Power, and the Rise of a New American Culture*, Pantheon, New York, 1993, p. 78 ; Susan Porter Benson, *Counter Cultures: Saleswomen, Managers, and American Department Stores, 1890-1940*, University of Illinois Press, Urbana, 1986, p. 46 ; Gardner, *art. cit.*, p. 65.

13. Susan Strasser, *Satisfaction Guaranteed*, *op. cit.*, pp. 205-206.

14. Susan Porter Benson, « Palace of Consumption », *art. cit.*, p. 201 ; Ralph M. Hower, *History of Macy's of New York, 1858-1919. Chapters*

in the Evolution of the Department Store, Harvard University Press, Cambridge, 1943, p. 156 ; Alfred D. Chandler, *The Visible Hand: The Managerial Revolution in American Business*, Belknap Press, Cambridge, 1977, p. 229.

15. Susan Porter Benson, « The Cinderella of Occupations: Managing the Work of Department Store Saleswomen, 1900-1940 », *Business History Review*, vol. 55, printemps 1981, p. 7 ; Susan Porter Benson, *Counter Cultures, op. cit.*, pp. 22-24 ; Kathryn Kish Sklar, *Florence Kelley and the Nation's Work: The Rise of Women's Political Culture, 1830-1900*, Yale University Press, New Haven, 1995, pp. 146-147 ; Kathryn Kish Sklar, « The Consumers' White Label of the National Consumers' League, 1898-1918 », in *Getting and Spending: American and Europen Consumption in the Twentieth Century*, Susan Strasser, Charles McGovern et Matthias Judt (dir.), Cambridge University Press, New York, 1998.

16. Susan Porter Benson, *Counter Cultures, op. cit.*, pp. 135-165 ; Susan Porter Benson, « Cinderella... », *art. cit.*

17. La proportion de la population rurale a été calculée par le Bureau du recensement américain, *Historical Statistics of the United States, Colonial Times to 1970*, Government Printing Office, Washington DC, 1975, pp. 11-12. Boris Emmet et John E. Jeuck, *Catalogues and Counters: A History of Sears, Roebuck and Company*, University of Chicago Press, 1950, p. 213 ; Fred L. Israel (dir.), *1897 Sears Roebuck Catalogue*, Chelsea House, New York, 1968, p. 786.

18. Theodore H. Price, « Big Business Junior in America: The Mail Order Business », *The Outlook*, 26 janvier 1916, p. 227 ; Boris Emmet et John E. Jeuck, *Catalogues and Counters, op. cit.*, p. 74 ; Louis Asher et Edith Heal, *Send No Money*, Argus Books, Chicago, 1942.

19. Boris Emmet et John E. Jeuck, *Catalogues and Counters, op. cit.*, p. 67 ; Theodore H. Price, *art. cit.*, p. 229.

20. Boris Emmet et John E. Jeuck, *Catalogues and Counters, op. cit.*, pp. 118-119.

21. « A Great Mail-Order Plant », *Printers' Ink*, 18 avril 1906, pp. 20-23 ; Boris Emmet et John E. Jeuck, *op. cit.*, pp. 132, 461-464 ; Theodore H. Price, *art. cit.*, p. 165.

22. Boris Emmet et John E. Jeuck, *Catalogues and Counters, op. cit.*, p. 137ff (et note de la page 144).

23. « A Mail Order Bonfire », *Grocers' Magazine*, 8 avril 1912. À propos d'autres manifestations ayant impliqué la destruction de catalogues, voir Boris Emmet et John E. Jeuck, *Catalogues and Counters, op. cit.*, p. 151 ; « Some Live Wire Retailers », *Grocers' Magazine*, 26 mai 1912.

24. Voir Boris Emmet et John E. Jeuck, *Catalogues and Counters, op. cit.*, p. 150 ; Daniel J. Boorstin, *Histoire des Américains*, trad. française Jean Heffer, Armand Colin, Paris, 1981 (rééd. Robert Laffont, 1991).

25. Boris Emmet et John E. Jeuck, *Catalogues and Counters, op. cit.*, p. 160 ; Joseph J. Schroeder Jr. (dir.), *Sears, Roebuck & Co., 1908 Catalogue n° 117, The Geat Price Maker*, Follett, Chicago, 1969, p. 8.

26. Lizabeth Cohen, *Making a New Deal: Industrial Workers in Chicago, 1919-1939*, Cambridge University Press, Cambridge, 1990, pp. 106-113, 116-120, 235-238.

27. Godfrey Lebhar, *Chain Stores in America, op. cit.*, pp. 120-132 ; Richard S. Tedlow, *New and Improved: The Story of Mass Marketing in America*, Basic Books, New York, 1990, p. 218.

28. Voir F. J. Harper, « "A New Battle on Evolution": The Anti-Chain Store Trade-at-Home Agitation of 1929-1930 », *Journal of American Studies*, vol. 16, décembre 1982, pp. 407-426 ; Carl G. Ryant, « The South and the Movement Against Chain Stores », *Journal of Southern History*, vol. 39, mai 1973 ; Boris Emmet et John E. Jeuck, *Catalogues and Counters, op. cit.*, pp. 606-621 ; Godfrey Lebhar, *Chain Stores in America, op. cit.*, pp. 159-160 ; M. A. Adelman, *A & P: A Study in Price-Cost Behavior and Public Policy*, Harvard University Press, Cambridge, 1966, p. 80 ; Richard S. Tedlow, *Keeping the Corporate Image: Public Relations and Business, 1900-1950*, JAI Press, Greenwich, 1979, pp. 91-96.

29. Godfrey Lebhar, *Chain Stores in America, op. cit.*, pp. 25 et 29 ; chiffres sur le PIB tirés de www.census.gov/statab/hist/HS-32.pdf.

30. Harper, « "A New Battle on Evolution" », *art. cit.*, p. 407 ; Federal Trade Commission, *Chain Stores: Final Report on the Chain-Store Investigation*, Government Printing Office, Washington DC, 1935, pp. 4-5 ; Roy J. Bullock, « The Early History of the Great Atlantic & Pacific Tea Company », *Harvard Business Review*, vol. 11, avril 1933, p. 298 ; Roy J. Bullock, « A History of the Great Atlantic & Pacific Tea Company Since 1878 », *Harvard Business Review*, vol. 12, octobre 1933, pp. 59-69 ; Godfrey Lebhar, *Chain Stores*, chap. 2, « The Birth of the System », pp. 25 et 35.

31. Charles W. Hurd et M. M. Zimmerman, « Chain Store Advantages in Organization and Financing, VII », *Printers' Ink*, 29 octobre 1914, pp. 66-68.

32. Charles W. Hurd et M. M. Zimmerman, « How Big Retailers' Chains Outsell Independant Competitors, XI », *Printers' Ink*, 26 novembre 1914, pp. 66-68 ; Charles W. Hurd et M. M. Zimmerman, « Chains Picking Up the Best Sites, IX », *Printers' Ink*, 12 novembre 1914, pp. 58-62 ; Richard S. Tedlow, *New and Improved, op. cit.*, p. 209.

33. Charles W. Hurd et M. M. Zimmerman, « Taking the Chains by Fields and Their Number in Each, V », *Printers' Ink*, 15 octobre 1914, p. 80.

34. Richard S. Tedlow, *New and Improved, op. cit.*, p. 221.

35. Charles W. Hurd et M. M. Zimmerman, « Chains Outclass Individual Dealers in Buying Advantages, X », *Printers' Ink*, 19 novembre 1914, p. 64 ; Richard S. Tedlow, *op. cit.*, pp. 210-213.

36. Charles W. Hurd et M. M. Zimmerman, « Taking the Chains..., V », *Printers' Ink*, 15 octobre 1914, pp. 29 et 72 ; « How Big Retailers' Chains Outsell Independant Competitors, XI », *Printers' Ink*, 26 novembre 1914, p. 72. Sur la pratique de la substitution, voir Susan Strasser, *Satisfaction Guaranteed, op. cit.*, pp. 83-87.

37. Pour un résumé récent, se reporter à Stephen Martin, Industrial Economics Fall 2004 Course Materials, « Price Discrimination and Vertical Restraints », www.mgmt.purdue.edu/faculty/smartin/courses/401F04/VRPD.pdf. Voir également Susan Strasser, *Satisfaction Guaranteed, op. cit.*, pp. 270-284.

38. Charles H. Wurd, « How Shall the Advertiser Regard the Newly Forming Chains? », *Printers' Ink*, 28 décembre 1916, pp. 88-89 ; voir aussi Roy J. Bullock, « Great A & P Tea Company Since 1878 », *art. cit.*, p. 62.

39. Richard S. Tedlow, *New and Improved, op. cit.*, pp. 191-193 et 203-204.

40. Tedlow, *Ibid.*, pp. 231-235.

41. Sharon Zukin, *Point of Purchase: How Shopping Changed American Culture*, Routledge, New York, 2004, p. 79 ; Tedlow, *op. cit.*, p. 241.

42. Sandra S. Vance et Roy V. Scott, *Wal-Mart: A History of Sam Walton's Retail Phenomenon*, Twayne Publishers, New York, 1994, pp. 24-28.

43. *Ibid.*, pp. 30-45.

44. Bien que cette citation n'ait jamais été attribuée à quelqu'un d'autre, il m'a été impossible d'en retrouver la source dans les écrits de Twain, et elle n'est pas référencée sur le site www.twainquotes.com.

45. NdT : Elle l'était déjà lors des trois années précédentes, et l'est restée depuis, hormis en 2006. Lorsqu'elle n'est pas au premier rang des entreprises américaines, elle occupe le deuxième.

46. Peter J. Salomon, « A Lesson from Wal-Mart », *Washington Post*, 28 mars 2004, p. B7 ; Simon Head, « Inside the Leviathan », *New York Review of Books*, 16 décembre 2004, p. 80.

47. Cité dans Liza Featherstone, « Down and Out in Discount America », *The Nation*, 3 janvier 2005, p. 13.

48. Voir Philip Mattera et Anna Purinton, *Shopping for Subsidies: How Wal-Mart Uses Taxpayer Money to Finance Its Never-Ending Growth*, Good Jobs First, Washington DC, 2004.

49. Voir David W. Boyd, « From "Mom and Pop" to Wal-Mart: The Impact of the Consumer Goods Pricing Act of 1975 on the Retail Sector in the United States », *Journal of Economic Issues*, vol. 31, mars 1997, pp. 223-233 ; voir également Charles Fishman, « The Wal-Mart You Don't Know », *Fast Company*, décembre 2003, www.fastcompany.com/magazine/77/walmart.html.

50. Voir l'emploi du temps de Wal-Mart sur www.walmartstores.com ; Bridget McCrea, « Tag You're It: Wal-Mart Is Forcing Its Suppliers to Adopt This Emerging Technology », *Logistics Management*, vol. 43, février 2004, pp. 44-48.

51. Les deux citations sont tirées de Liza Featherstone, *art. cit.*, p. 11.

52. Peter J. Salomon, *art. cit.*

TABLE

Nelson Lichtenstein
Bibliographie

American Capitalism. Social Thought and Political Economy in the Twentieth Century (dir.), University of Pennsylvania Press, 2007

State of the Union: A Century of American Labor, Princeton University Press, 2003

Walter Reuther: The Most Dangerous Man in Detroit, University of Illinois Press, Urbana, 1997

Industrial Democracy in America: The Ambiguous Promise (dir.), Cambridge University Press, 1993

Labor's War at Home: The Cio in World War II, Cambridge University Press, 1987

Susan Strasser
Bibliographie

Commodifying Everything: Relationships of the Market, Routledge, 2003

Never Done: A History Of American Housework, Owl Books, 2000

Waste and Want: A Social History of Trash, Metropolitan Books, 1999

Satisfaction Guaranteed: The Making of the American Mass Market, Pantheon Books, 1990

AUX PRAIRIES ORDINAIRES

Dans la même collection

Wendy Brown, *Les Habits neufs de la politique mondiale. Néolibéralisme et néo-conservatisme*, 2007

Mike Davis, *Le Stade Dubaï du capitalisme*, 2007

Stanley Fish, *Quand lire c'est faire. L'autorité des communautés interprétatives*, 2007

Fredric Jameson, *La Totalité comme complot. Conspiration et paranoïa dans l'imaginaire contemporain*, 2007

Franco Moretti, *Graphes, cartes et arbres. Modèles abstraits pour une autre histoire de la littérature*, 2008

David Harvey, *Géographie de la domination*, 2008

Hal Foster, *Design & Crime*, 2008

Álvaro García Linera, *Pour une politique de l'égalité. Communauté et autonomie dans la Bolivie contemporaine*, 2008

Retort, *Des Images et des Bombes. Politique du spectacle et néolibéralisme militaire*, 2008

Coco Fusco, *Petit manuel de torture à l'usage des femmes-soldats*, 2008

Mike Davis et Daniel Bertrand Monk, *Paradis infernaux. Les villes hallucinées du néo-capitalisme*, 2008

Nelson Lichtenstein et Susan Strasser, *Wal-Mart l'entreprise-monde*, 2009

Achevé d'imprimer par Normandie Roto Impression S.A.S. à Lonrai
Dépôt légal : mars 2009
Numéro d'impression : 091974
Imprimé en France